똑 부러지게 내 감정을 전하는 말하기 연습

Wow 멋지다~!

솔직이

도와줄까?

포용이

임정민 글 | 히쩌미 그림

휘둘리지 않고, 자존감을 지키며, 똑똑하게 말하기

그렇게 하지, 뭐.

끄덕이

생각해보자.

침착이

하지 마!

화끈이

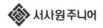 서사원주니어

부모님께

삶은 관계 맺음의 연속이고, 관계는 말로써 맺어집니다. 때문에 어릴 때부터 말하기 능력을 키우는 것은 중요합니다. 다행히도 말하기는 누구나 배우면 잘할 수 있는 영역입니다. 우리 아이도 몰라서 못하는 것일 뿐, 배우고 연습하면 잘할 수 있어요. 그렇다면 무엇을 배워야 할까요?

아이들이 상황별로 어떤 말을 하면 좋을지 알려주는 책은 많습니다. 그러나 '이런 상황에서는 이렇게 말해야 한다'는 천편일률적인 지침이 모두에게 통하지는 않습니다. 아이의 성격 유형에 따라 말하기도 다르게 연습해야 하지요. 세상에는 다양한 성격의 사람이 있는 만큼, 말하는 방식도 저마다 다르다는 것을 알아야 합니다.

성격은 생애를 통틀어 비교적 일관된 양상을 보입니다. 하지만 환경에 따라 변하기도 하고, 학습을 통해 또는 노력 여하에 따라 달라질 수 있어요. 아이가 자신에게 불리한 상황에도 반문하지 않고 순응하거나, 친구가 못되게 굴어도 그냥 넘어가는 모습을 지켜보며 속상하다는 부모님들이 많았어요. 늘 친구들이 하자는 대로 해주고 양보하니 친구들과 싸우지 않고 잘 지내긴 하는데, 아이가 속으로 상처받고 힘들어한다고요. 부당한 상황에서는 거절할 줄 알고, 자신의 감정과 생각은 잘 표현할 줄 알며, 늘 양보만 하지 않고 때로는 자기 목소리를 낼 줄 아는 아이가 되려면 지금까지 습관적으로 나오던 말과 행동이 아니라 각 상황에 맞는 성격 캐릭터로 말하고 대처할 수 있어야 합니다.

이 책에서는 실생활에 쉽게 적용할 수 있도록 성격을 '화끈이, 포용이, 침착이, 솔직이, 끄덕이' 5가지 캐릭터로 구분했습니다. 먼저 자신을 포함한 다양한 사람들의 성격과 말하기 방식을 이해하고, 이 다섯 가지 성격 캐릭터를 사용해 의사소통하는 방법을 터득하면 누구나 슬기롭고 똑 부러지게 말할 수 있게 됩니다.

학교는 아이들에게 또 다른 사회입니다. 부모님이 예상하지 못한 일들, 대신 해결해줄 수 없는 일들이 매일 빈번하게 일어나는 곳이지요. 부모님은 이 책을 지침서로 삼아 아이가 스스로 자기의 생각과 감정을 분명하게 표현하고 사회성을 확립할 수 있도록 곁에서 도와주셨으면 좋겠습니다. 어른에게도 인간관계와 말하기는 늘 어려운 과제잖아요. "왜 말을 제대로 못하니?", "뭘 그런 일로 힘들어해."라고 어른의 입장에서 이야기하기보다는, 조력자로서 따뜻한 격려와 응원의 말을 건네며 아이의 성장을 함께 지켜봐주시길 바랍니다.

끝으로, 아이들을 사랑으로 보듬으며 성심껏 지도하시는 모든 분께 존경과 감사의 마음을 전합니다. 출간과 동시에 부모님과 어린이 독자,

교사, 아동상담사, 언어치료사 등 많은 분들의 관심과 사랑 덕분에 후속권을 펴낼 수 있었어요. 이번에는 심각한 상황에 대처할 수 있는 '단호한 말하기'와 감정을 표현하는 '솔직한 말하기' 연습을 더욱 강화했어요. 또한 아이들에게 일상이 된 SNS 등 온라인상에서의 말하기뿐만 아니라 형제자매나 어른 등으로까지 대화 상대를 확대해 더 다양하고 실용적인 에피소드를 담았습니다. 수록된 사례들과 그 외의 이야기들을 통해 그동안 미처 몰랐던 아이의 세세한 감정과 생각을 나누며 가족의 사랑이 더욱 깊어지는 계기가 되었으면 합니다.

어린이 여러분에게

혹시 오늘도 하고 싶은 말을 마음속에만 담아 두어서 답답했나요? 친구의 날카로운 말에 상처 받고 속상했나요? 부모님과 선생님에게조차 말 못 할 많은 일들을 겪었을, 또 앞으로 겪을지 모르는 어린이 여러분에게 진심 어린 위로와 응원의 말을 전합니다.

이 책은 여러분이 행복하기를 바라는 마음으로 썼어요. 여러분의 눈높이에 맞춰 어떤 내용을 어떻게 담아낼지 여러 날을 고심했습니다. 그렇게 탄생한 '화끈이, 포용이, 침착이, 솔직이, 끄덕이'를 통해 여러분이 쉽고 재미있게 말하기를 연습했으면 해요. 무조건 양보하며 상대에게 맞추는 것이 아니라, 내가 느끼는 감정과 생각을 온전히 표현하는 것이 나를 지키고 사랑하는 법이라는 것을 알게 될 거예요.

말하기가 달라지면 여러분의 인생도 바뀌어요. 이 말을 믿어봐요. 나를 공격하는 말, 못된 말에 더 이상 휘둘리지 않고 내 생각과 감정을 단호하게 전달할 수 있게 돼요. 그러니 책을 눈으로만 읽지 말고, 책에 수록된 다양한 예시와 훈련법을 표정과 말투까지 따라하며 열 번, 스무 번 소리 내어 말하세요. 말의 힘을 단단하게 키우면, 내면이 강해지고 결국 여러분의 인생이 달라집니다. 그 멋진 미래를 여러분이 만들 수 있을 거라 믿어요!

부디 이 책이 여러분 곁에서 고민을 들어주고 현실적인 조언을 해주는 다정한 친구처럼 머물게 되기를 바랍니다.

다섯 가지 성격 캐릭터

모든 성격은 양면성을 가지고 있습니다. 따라서 각 성격이 단점보다는 장점으로 발휘될 수 있도록 해야 합니다. 이 책에서는 학교에서 발생하는 다양한 상황들과 친구 관계에서 일어나는 크고 작은 갈등에 슬기롭게 대처할 수 있는 말하기를 각 캐릭터의 장점을 이용해 연습해보겠습니다.

화끈이

규칙을 중요시하고
소신이 있는 어린이

✓ **장점:** 도덕적인 규범과 규칙, 사회 질서를 잘 지킵니다.
✓ **단점:** 친구들에게 강압적이거나 독선적인 태도를 보이며, 대놓고 비난하는 말을 합니다.

포용이

배려하고
공감하는 어린이

✓ **장점:** 상대방의 감정에 공감하고 배려하며, 힘든 친구에게 도움의 손길을 건넵니다.
✓ **단점:** 잔소리를 심하게 하고, 상대가 원하지 않아도 과도하게 친절을 베풉니다.

생각해보자.

침착이

차분하고
사실적인 어린이

✓ **장점:** 객관적인 사실을 중심으로 생각하고 말하며, 차분하고 침착하게 행동합니다.
✓ **단점:** 인간미가 없으며, 다소 딱딱하고 냉정합니다.

Wow 멋지다~!

솔직이

감정에 솔직하고
표현하는 어린이

✓ **장점:** 자신의 감정을 잘 드러내며, 호기심이 많고 천진난만합니다.
✓ **단점:** 반항하거나 충동적일 때가 있으며, 돌발적인 행동을 벌여 상황을 난처하게 만듭니다.

그렇게 하지, 뭐.

끄덕이

양보하고
순응하는 어린이

✓ **장점:** 남들 앞에서 튀는 것보다 친구들에게 양보하고 겸손한 태도를 보입니다.
✓ **단점:** 지나치게 다른 사람의 눈치를 보며 우물쭈물하고, 타인에게 의존적인 태도를 보입니다.

이렇게 읽어요

친구가 잘못해 놓고 사과를 안 할 때

① 먼저 각 상황을 만화로 만나요. 이 상황에서 주인공과 성격 캐릭터가 어떤 표정으로 어떤 말을 했는지 잘 기억해 둬요.

2

나도 비슷한 상황이 있었는지 생각해보고, 이런 상황에서는 어떻게 대처해야 하는지, 어떤 태도와 표정으로 말해야 하는지 알아봐요.

이렇게 말해보자!

인간은 완벽한 존재가 아니기 때문에 누구나 잘못을 할 수 있어. 친구뿐만 아니라 나 역시 가족이나 주변 사람들에게 잘못한 일이 있을 거야. 중요한 것은 잘못을 인정하고 진심으로 용서를 구하는 태도야. 자기 잘못을 인정하고 곧바로 사과하면 상황이 빠르게 해결되고 상대와의 관계도 나빠지지 않거든. 하지만 오히려 잘못을 부인하거나 시치미를 떼면 상황이 안 좋아지고 상대는 화가 나지. 그러니 친구가 사과를 하지 않을 때는 감정적으로 화를 내기보다 '잘못했을 때는 미안하다고 하는 것이 먼저'라는 점을 알려주고 "나한테 사과해"라고 단호하게 말하자.

 아래의 내용을 진지한 표정과 단호한 말투로 말해보자.
더 하고 싶은 말이 있으면 덧붙여도 좋아!

3

그림 속 친구가 했던 말을 그대로 따라 읽어봐요. 꼭 기억해야 할 것은, 원래의 내 말투가 아니라 각 성격 캐릭터의 말투로 읽어야 한다는 거예요.

뭐? 그걸 네가 모르면 어떡해.
남의 물건을 함부로 잃어버리면 안 돼.
네 잘못이니까 나한테 사과했으면 해.

'사과'에 대해 생각해볼까?

잘못을 인정하고 곧바로 사과하는 건 아주 용기 있고 멋진 행동이야. 사과하면 상대방에게 믿음을 줄 수 있고 관계가 회복되거든. 사과하면 또 어떤 점이 좋을지 생각해보자.

사과(謝過)
자기의 잘못을 인정하고 용서를 빎.

예 · 불편했던 마음이 없어진다.　　· 사이가 나빠질 수 있는 걸 막아준다.
· 상대가 사과를 받아주면 고맙다.　· 다음에 똑같은 잘못을 하지 않게 된다.

21

4

각 상황에 연관된 키워드를 가지고 주제에 대해 더 생각해볼 수 있어요.

목차

PART
1

'화끈이'로
단호하게
말하기

PART
2

'포용이'로
공감하며
말하기

PART
3

'침착이'로
조리 있게
말하기

PART
4

'솔직이'로
감정 표현하며
말하기

PART
5

'끄덕이'로
양보하며
말하기

나의 성격 유형 진단하기

자신을 이해하는 방법 중 하나로 에고그램Egogram이 있습니다. 에고그램은 미국의 정신의학자 에릭 번이 창시한 교류분석 이론에서 자아상태의 기능분석에 속합니다. 미국의 심리학자인 존 M. 듀세이가 이를 발전시켜 사람의 성격을 교류분석 측면에서 그래프로 시각화한 것이지요. 에고그램은 심리적인 지문과 같은 것으로, 사람마다 고유의 프로파일Profile을 갖기 때문에 자신을 이해하는 데 도움이 됩니다.

초등학교 고학년(4~6학년)은 스스로 직접 진단하고, 저학년(1~3학년)은 부모님이 아이의 모습을 관찰하여 대신 진단해보길 권합니다.

성격 유형 에고그램 진단

☐ 학교나 친구들 앞에서 보여주는 내 모습을 생각하면서 빠르게 응답해요.

☐ 이상적으로 바라는 모습이 아닌, 나의 평소 모습을 떠올려야 해요.

☐ 질문을 읽고, 평소의 모습과 비슷하면 ○표, 다르다고 생각하면 ✕표를 빈칸에 표시해요. 판단하기 어려운 경우에만 예외적으로 △표를 해요. 정확한 진단을 위해서는 될 수 있으면 ○, ✕로 표시하는 게 좋아요.

☐ '○'는 2점, '△'는 1점, '✕'는 0점으로 계산해요. 각각 세로줄의 총합을 계산해서 '합계' 칸에 써요.

☐ 16쪽의 분석지에 5개의 최종 값을 점으로 찍고 막대그래프를 그려요.

1	여러 가지 책을 많이 읽는 편인가요?					
2	화려한 것을 좋아하나요?					
3	무슨 일이든 정확하게 하지 않으면 기분이 나쁜가요?					
4	다른 사람의 표정을 살피면서 행동하는 버릇이 있나요?					
5	다른 사람이 잘못을 했을 때 용서해주기가 어려운 편인가요?					
6	누군가 길을 물을 때 친절하게 알려주나요?					
7	친구나 동생을 자주 칭찬해주나요?					
8	일이 잘 안될 때는 냉정하게 생각하나요?					
9	여러 사람이 모여 떠들고 노는 것을 좋아하나요?					
10	나는 책임감이 강한 사람이라고 생각하나요?					
11	싫어도 싫다는 말을 안 하고 참을 때가 있나요?					
12	다른 사람을 도와주는 것을 좋아하나요?					
13	남들은 잘하는데 나는 못한다고 생각할 때가 있나요?					
14	자기 생각을 굽히지 않고 끝까지 밀고 나가는 편인가요?					
15	결정을 내릴 때 다른 사람의 의견을 듣고 참고하나요?					
16	어려운 일은 바로 하지 않고 질질 끄는 버릇이 있나요?					
17	다른 사람의 나쁜 점보다 좋은 점을 많이 보는 편인가요?					
18	언제나 무리를 해서라도 잘 보이려고 노력하나요?					
19	처음 하는 일은 충분히 검토한 후에 시작하나요?					
20	예의범절에 대해 엄격하게 교육을 받았나요?					
21	어떤 일이든 이익과 손해를 생각하고 행동하나요?					
22	"우아~" "멋지다" "대단하다"와 같은 감탄사를 많이 쓰나요?					
23	일을 시작했을 때 끝까지 하지 않으면 마음이 불편한가요?					
24	누군가 실망에 차 있으면 위로하고 용기를 주나요?					
25	내 생각보다는 부모님이나 다른 사람의 말에 영향을 잘 받는 편인가요?					
26	슬프거나 우울한 기분일 때가 있나요?					
27	부모님의 말씀은 꼭 지키는 편인가요?					

번호	질문					
28	말하고 싶은 것이 있으면 망설이지 않고 하는 편인가요?					
29	"안 돼" "~해야 해"라는 말을 잘 쓰는 편인가요?					
30	겸손하고 앞에 나서지 않는 편인가요?					
31	부모님의 기분을 맞춰 드리곤 하나요?					
32	즐거움이나 슬픔을 표정이나 동작으로 자유롭게 나타내나요?					
33	친구들과 어울릴 때 차분하고 침착한 편인가요?					
34	가지고 싶은 것이 있으면 망설이지 않고 말하는 편인가요?					
35	속으로는 불만이지만 겉으로는 만족한 것처럼 행동할 때가 있나요?					
36	몸 상태가 좋지 않을 때는 무리하지 않고 쉬나요?					
37	이성 친구에게도 자유롭게 말할 수 있나요?					
38	친구들과 농담을 하거나 장난치는 것을 좋아하나요?					
39	돈이나 시간에 대해 확실하지 않은 것을 싫어하나요?					
40	부모님과 침착하게 대화하나요?					
41	공부나 해야 할 일을 계획한 대로 하나요?					
42	친구들에게 선물하는 것을 좋아하나요?					
43	누군가 도움을 청하면 "나한테 맡겨" 하며 도와주는 편인가요?					
44	나중에 내가 부모님이 되면 자식을 엄하게 키울 것 같은가요?					
45	그림 그리기나 노래 부르기를 좋아하나요?					
46	누군가 실수나 실패를 하면 몰아붙이지 않고 용서하나요?					
47	싫은 것을 싫다고 말하나요?					
48	동생이나 나보다 나이가 어린 아이를 귀여워하나요?					
49	별자리나 타로 점을 보는 것은 미신이라고 생각하나요?					
50	먹을 것이나 옷이 없는 사람이 있다면 도와줄 건가요?					
	○ : 2 △ : 1 ✕ : 0				합 계	

화끈이　　포용이
침착이　　솔직이　　끄덕이

에고그램 분석지

에고그램 진단으로 나온 5개의
결과 값(점수)을 차례대로 점으로
찍은 뒤 막대그래프를 그리고
선으로 연결합니다.

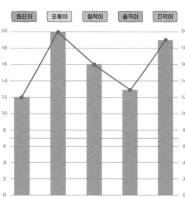

〈예시〉

화끈이	포용이	침착이	솔직이	끄덕이

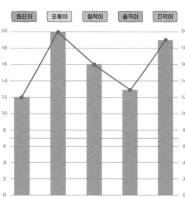

가장 점수가 높게 나온 캐릭터에 ◯표 해요.

화끈이　　　포용이　　　침착이　　　솔직이　　　끄덕이

가장 점수가 낮게 나온 캐릭터에 ◯표 해요.

화끈이　　　포용이　　　침착이　　　솔직이　　　끄덕이

　진단 결과에서 점수가 가장 높게 나온 캐릭터가 나의 1차 개성을 나타내고, 가장 낮게 나온 캐릭터가 나의 2차 개성을 나타냅니다.

　원래 인간은 이 다섯 가지 성격을 다 가지고 있습니다. 정도의 차이가 있을 뿐, 한 사람 안에 다섯 개의 성격 캐릭터가 모두 존재합니다. 상황이나 상대에 따라 다른 캐릭터가 나오는 것이지요. 예를 들면, 학교에서는 대장 노릇을 하는 아이(화끈이)가 집에서는 부모님에게 순종적인 모습을 보이는 것(끄덕이)처럼요.

　캐릭터별 말하기 방법(126쪽)을 평소에 꾸준히 연습하세요. 저학년은 부모님과 선생님의 지도에 따라 연습해보길 바랍니다. 부모님이나 선생님 또한 자신의 성격 유형을 알고 있으면 아이들과 소통하는 데 도움이 됩니다. 성인의 성격 유형 진단과 자세한 설명은 《어른의 대화법》 책과 온라인 사이트(www.empoweredu.kr)를 참고하시길 바랍니다.

규칙이나 윤리에 어긋난 친구의 행동을 제지해야 할 때는 '화끈이'로 단호하게 말해야 해. 친구의 행동을 제지하지 않고 가만히 있거나 그냥 따르게 되면, 학교의 질서가 무너지고 나뿐만 아니라 다른 친구들에게도 피해를 주거든. 진지한 표정으로 목소리에 힘을 주어서 "안 돼/돼", "하지 마/해", "그러지 마/그렇게 해"와 같은 방법으로 말하는 연습을 하자.

'화끈이'로
단호하게 말하기

**화끈이의 장점은 규칙을 잘 지키고 자신의 생각을 단호하게
말하는 거야.** 친구가 학교의 규칙을 어기거나 잘못된 행동
을 한다면 그때는 용기를 내서 말해줘야 해. 그럼, 어떤 상
황에서 화끈이처럼 말해야 하는지 한번 연습해볼까?

친구가 잘못해 놓고 사과를 안 할 때

인간은 완벽한 존재가 아니기 때문에 누구나 잘못을 할 수 있어. 친구뿐만 아니라 나 역시 가족이나 주변 사람들에게 잘못한 일이 있을 거야. 중요한 것은 잘못을 인정하고 진심으로 용서를 구하는 태도야. 자기 잘못을 인정하고 곧바로 사과하면 상황이 빠르게 해결되고 상대와의 관계도 나빠지지 않거든. 하지만 오히려 잘못을 부인하거나 시치미를 떼면 상황이 안 좋아지고 상대는 화가 나지. 그러니 친구가 사과를 하지 않을 때는 감정적으로 화를 내기보다 '잘못했을 때는 미안하다고 하는 것이 먼저'라는 점을 알려주고 "나한테 사과해"라고 단호하게 말하자.

 아래의 내용을 진지한 표정과 단호한 말투로 말해보자.
더 하고 싶은 말이 있으면 덧붙여도 좋아!

뭐? 그걸 네가 모르면 어떡해.

남의 물건을 함부로 잃어버리면 안 돼.

네 잘못이니까 나한테 사과했으면 해.

잘못을 인정하고 곧바로 사과하는 건 아주 용기 있고 멋진 행동이야. 사과하면 상대방에게 믿음을 줄 수 있고 관계가 회복되거든. 사과하면 또 어떤 점이 좋을지 생각해보자.

사과(謝過)
자기의 잘못을 인정하고 용서를 빎.

예 • 불편했던 마음이 없어진다.　　• 사이가 나빠질 수 있는 걸 막아준다.
　　• 상대가 사과를 받아주면 고맙다.　　• 다음에 똑같은 잘못을 하지 않게 된다.

2

친구가 안전 규칙을 지키지 않을 때

교통 신호를 무시하고 도로를 가로질러 가는 것은 자칫 목숨을 잃을 수 있는 아주 위험한 행동이야. 특히 무단횡단으로 인한 교통사고는 사망률이 높아. 나뿐만 아니라 운전자에게도 돌이킬 수 없는 사고로 이어질 수 있으니 각별히 조심해야 해. 학교에서 지켜야 할 질서와 규칙이 있듯, 학교 밖에서도 규칙을 잘 지켜야 위험한 일을 피할 수 있어. 나와 친구의 안전을 위해 "무단횡단은 안 돼. 다음 신호에 건너자."라고 단호하게 말하자. 또 이렇게 정해진 시간에 지각하지 않으려고 서두르는 것보다는, 평소에 미리미리 일찍 집을 나서는 습관을 기르는 게 좋아.

 아래의 내용을 진지한 표정과 단호한 말투로 말해보자.
더 하고 싶은 말이 있으면 덧붙여도 좋아!

그건 위험해.

무단횡단은 안 돼.

다음 신호에 건너자.

안전 규칙을 잘 지키는 것은 중요해. 하지만 가끔 편하게 무단횡단을 하고 싶은 유혹에 빠질 때가 있어. 무단횡단을 하면 어떤 일이 벌어질 수 있는지 생각해보자.

안전(安全)
위험이 생기거나 사고가 날 염려가 없음. 또는 그런 상태.

예 • 다른 친구들도 따라 할 수 있다.   • 사람이 차에 치여 다칠 수 있다.
• 무단횡단하는 사람을 피하려다 운전자가 교통사고를 낼 수 있다.

친구가 내 급식 반찬을 뺏어 먹을 때

학교 급식은 성장기 아이들의 건강을 위해서 각종 영양소가 포함된 균형 잡힌 식단으로 제공되고 있어. 누군가 내 급식 반찬을 뺏어 먹는다면 영양소를 골고루 섭취할 수 없고, 내 몫의 식사량도 줄어들게 되지. 급식 메뉴에 좋아하는 음식이 나왔거나 식탐이 있더라도, 모든 학생에게 공평하게 나눠주는 급식 반찬을 내 몫이 아닌데도 말도 없이 뺏어 먹는 건 잘못된 행동이야. 그리고 남의 음식을 먹는 건 위생적으로도 좋지 않거든. 참고 넘어가면 같은 상황이 반복될 수 있으니까 "내 반찬 뺏어 가지 마."라고 확실하게 알려주자.

 아래의 내용을 진지한 표정과 단호한 말투로 말해보자.
더 하고 싶은 말이 있으면 덧붙여도 좋아!

야, 그거 내 거잖아.

내 반찬 뺏어 가지 마.

다음부터는 먹고 싶으면 나한테 먼저 물어봐.

좋아하는 급식 메뉴가 나오는 날에는 점심시간이 더욱 기다려질 거야. 더 맛있게 음식을 먹을 수 있지. 내가 가장 좋아하는 급식 반찬을 떠올려보자.

급식(給食)
식사를 공급함. 또는 그 식사.

예 · 소시지 채소볶음, 감자조림, 돈가스, 불고기, 탕수육 등

친구가 아무 데나 쓰레기를 버릴 때

쇼핑할 때 물건이나 간식을 사자마자 포장을 뜯을 때가 있어. 그러면 그 자리에서 곧바로 쓰레기가 생겨. 쓰레기통을 찾아서 곧장 버리는 것이 가장 좋아. 그대로 방치하면 주변이 더러워지고 다른 사람에게 피해를 주거든. 특히 버스 정류장이나 지하철역, 공중화장실, 공원 같은 공공장소는 많은 사람이 이용하는 곳이니까 다 같이 에티켓을 지켜야 해. 쓰레기통이 없을 때는 가방에 넣어 뒀다가 집에 가져가서 버리면 돼. 가끔은 실수로 쓰레기를 떨어트리는 경우가 있어. 친구가 모르고 한 행동이라도 대신 알려주고 쓰레기통에 버릴 수 있도록 말해주자.

🎤 아래의 내용을 진지한 표정과 단호한 말투로 말해보자.
더 하고 싶은 말이 있으면 덧붙여도 좋아!

포장을 여기다 그냥 버리면 안 돼.
쓰레기통 저기 있어.

여러 사람이 함께 이용하는 공공장소에서는 에티켓을 지키는 것이 중요해. 그러지 않으면 다른 사람에게 불편을 끼치거든. 공공장소에서 꼭 지켜야 할 에티켓을 생각해보자.

에티켓(Etiquette)
사회생활의 모든 경우와 장소에서 취해야 할 바람직한 행동 양식.

예 ·차례가 올 때까지 줄 서서 기다린다.   ·벽에 낙서하지 않는다.
　 ·위험하게 뛰어다니지 않는다.   ·출입 금지 구역에 들어가지 않는다.

친구가 나를 비웃으며 무시할 때

이렇게 말해보자!

사람은 모두 존중 받아야 하는 존재야. 그래서 함부로 다른 사람을 무시하면 안 돼. 특정 과목이나 운동, 노래 등 내가 다른 친구들보다 못하는 것이 있을 수도 있어. 하지만 남들에 비해 상대적으로 잘 못하는 것뿐이지, 그것이 남에게 무시 당해도 되는 이유는 절대 될 수 없지. 친구가 나를 비웃고 무시할 때는 "무시하지 마!"라고 힘 있는 목소리로 당당하게 말하자. 나를 무시하고 함부로 대하는 친구는 진정한 친구가 아니야. 너무 상처 받지 말고, 나를 소중하게 대하는 친구와 더 잘 지내도록 하자.

 아래의 내용을 진지한 표정과 단호한 말투로 말해보자.
더 하고 싶은 말이 있으면 덧붙여도 좋아!

야, 무시하지 마. 기분 나쁘거든.

학교에서 배우면 돼.

내가 더 공부할 거야.

'무시'에 대해 생각해볼까?

사람은 무시 당하면 화나고 기분이 나빠져. 그러니 나 역시도 다른 사람을 무시하면 안 되겠지? 나도 모르게 누굴 무시했던 일은 없는지 돌이켜보자.

무시(無視)
사람을 깔보거나 업신여김.

예 • 장난감을 가지고 제대로 놀지 못하는 동생을 무시했다.
• 말대꾸하며 엄마를 무시했다.

친구가 위험한 장난을 칠 때

이렇게 말해보자!

위험한 장난은 본인만 즐거울 뿐 다른 사람에게 피해를 주는 행동이야. 호기심이 생기더라도 사람에게 위협적인 장난이나 행동은 절대로 해서는 안 돼. 사람이 다치면 정말 큰일이니까 친구가 위험한 행동을 한다면 즉시 자제시켜야 해. "위험해. 장난치면 안 돼."라고 단호하게 말해주자. 또 나까지 위험해질 수 있으니 멀리 떨어져 있는 것이 좋고, 선생님께 상황을 말씀드려서 도움을 받도록 하자.

 아래의 내용을 진지한 표정과 단호한 말투로 말해보자.
더 하고 싶은 말이 있으면 덧붙여도 좋아!

위험해. 가위로 장난치면 안 돼.

그러다 사람 다쳐.

선생님이 뭐 자를 때만 조심히 사용하라고 하셨어.

'위험'에 대해 생각해볼까?

위험한 일은 스스로 만들지 말고, 미리미리 조심해야 해. 누군가 피를 흘리거나 목숨까지 잃을 수도 있거든. 다른 사람에게 피해를 주는 위험한 장난이나 행동에는 무엇이 있는지 생각해보자.

위험(危險)
해로움이나 손실이 생길 우려가 있음. 또는 그런 상태.

예 ・연필이나 볼펜 등 날카로운 물건을 휙휙 돌린다.
・호기심에 높은 곳에서 돌멩이를 떨어트린다.
・폭죽을 사람 얼굴 방향으로 쏜다.

단톡방에서 나만 소외시킬 때

이렇게 말해보자!

단톡방에서 친구들이 유독 내 말에만 답을 하지 않고 나를 제외시키는 분위기가 이어진다면 일부러 그러는 거라고 볼 수 있어. 친구들이 나를 존중하지 않으면 단톡방에 남아 있을 이유가 없어. "나는 나갈게."라고 단호하게 말하자. 혼자만 소외되면 처음에는 많이 외롭고 쓸쓸할 거야. 하지만 나를 무시하고 만만하게 보는 사람과는 친구가 될 수 없어. 외롭다는 이유로 계속 그 무리와 어울린다면 더 괴로워질 거야. 힘들겠지만 보란 듯이 더 씩씩하게 지내면 자립심도 길러지고 좋은 친구들이 생길 테니 그 순간을 잘 이겨내면 좋겠어. 만약 단톡방에 계속 초대하거나 기분 나쁜 말을 한다면 선생님과 부모님께 도움을 요청하자.

🎤 아래의 내용을 진지한 표정과 단호한 말투로 말해보자.
더 하고 싶은 말이 있으면 덧붙여도 좋아!

너네, 일부러 내 말 무시하는 거야?

나는 단톡방 나갈게.

할 말 있으면 직접 얘기해.

'무리'에 대해 생각해볼까?

사람이 무리 지어 다니는 건 인간의 기본적인 속성이야. 나는 어떤 무리의 친구들과 잘 지내고 싶은지 생각해보자.

무리
사람이나 짐승, 사물 등이 모여서 뭉친 한 동아리.

 예 •친절하고 다정한 친구들   •주변 사람을 도와주는 따뜻한 친구들
•공부를 열심히 하는 성실한 친구들

친구가 부모님에 대해 무례하게 말할 때

무례하게 구는 친구가 있어도 괜히 내가 예민한 사람으로 보일까 봐 그 냥 넘어가는 경우가 있어. 일일이 응대하기 귀찮아서 반응을 안 하기도 하지. 하지만 그러면 오히려 나를 만만하게 볼 수 있어. 특히 나의 부모님에 대해 잘 알지도 못하면서 멋대로 생각하고 나쁘게 말하는 건 참으면 안 되는 거야. 다만 소리를 지르거나 흥분하지 말고, "함부로 말하지 마!"라고 다시는 무례한 말과 행동을 하지 않도록 강한 어조로 확실하게 말해줘야 해. 만약 친구가 계속 그런 태도를 보인다면 부모님과 선생님께 도움을 요청하고, 그 친구와는 거리를 두자.

🎤 아래의 내용을 진지한 표정과 단호한 말투로 말해보자.
더 하고 싶은 말이 있으면 덧붙여도 좋아!

아니거든, 함부로 말하지 마.

그렇게 말하면 안 되지.

우리 엄마는 일 잘해서 회사 다녀.

예의가 없는 무례한 태도는 그냥 넘어가서는 안 돼. 그대로 두면 계속 반복될 확률이 높거든. 절대 그냥 넘어가면 안 되는 무례한 말과 행동을 생각해보자.

무례(無禮)
태도나 말에 예의가 없음.

 • 외모 비하(진짜 못생겼다/뚱뚱해), 욕설, 인종 차별, 함부로 몸을 만지기 등

형제자매가 나를 때렸을 때

폭력은 상대의 신체를 괴롭히면서 상처와 고통을 주는, 아주 나쁜 행동이야. 절대 해서는 안 되는 일이지. 그러니 폭력을 쓴다면 반드시 제재해야 해. "죽을래? 얼마나 아픈지 한번 맞아봐라!"라고 감정적으로 반응하지 말고 "때리지 마. 폭력을 쓰면 안 되지."라고 단호한 말투로 강력하게 말하자. 아이들 사이에 이런 일이 자주 발생해서 난처한 부모님은 맞은 사람에게는 "아프지… 마음 상했겠네."라고 다독여주고, 때린 사람에게는 폭력은 안 된다고 말해주되, 왜 그랬는지 이유를 묻고 문제를 해결해주어야 해. 형제자매끼리 싸웠더라도 서로 원망하거나 미워하지 않도록 갈등을 잘 풀어야 한다는 것도 잊지 마.

 아래의 내용을 진지한 표정과 단호한 말투로 말해보자.
더 하고 싶은 말이 있으면 덧붙여도 좋아!

때리지 마.
폭력을 쓰면 안 되지.

폭력은 그 어떤 이유로도 용납할 수 없어. 다른 사람을 신체적으로 괴롭히는 폭력에는 어떤 것이 있는지 생각해보자.

폭력(暴力)
인간의 생명과 신체를 손상시키는 결과를 가져오는 모든 행동.

예 ・꼬집기, 주먹으로 때리기, 발로 차기, 머리끄덩이 잡기 등

친구들이 느린 학습자 친구를 괴롭힐 때

느린 학습자는 적절한 상황 이해와 판단, 대처 능력이 부족한 친구들이야. 그래서 천천히 반복적인 교육과 훈련을 받아야 하지. 때로는 돌발 행동을 하거나 사회적인 규칙을 지키지 않아 주변 사람들을 난처하게 할 때도 있어. 하지만 나와 다르다고 해서 친구의 부족한 점을 교묘하게 이용해 괴롭히는 것은 나쁜 행동이야. '배려가 필요한 아이'라는 것을 주변 친구들과 선생님, 가족들이 돕고 이해해준다면 느린 학습자 친구들도 자신만의 속도로 건강하게 성장할 수 있을 거야.

 아래의 내용을 진지한 표정과 단호한 말투로 말해보자.
더 하고 싶은 말이 있으면 덧붙여도 좋아!

그만해. 괴롭히지 마.

우리가 배려해줘야지, 뭐 하는 거야?

'느린 학습자'에 대해 생각해볼까?

느린 학습자는 주변 사람들을 곤란하게 만들 때도 있지만, 주변의 이해와 배려가 더 많이 필요한 친구들이야. 느린 학습자에게 배려할 수 있는 것들을 생각해보자.

느린 학습자
인지·학습 능력 등의 부족으로 사회 적응에 어려움을 겪어 지원과 보호가 필요한 자.

예 • 쉬운 단어를 사용해서 대화한다.
  • 천천히 말한다.
  • 기억을 못하면 다시 말해준다.
  • 대답이나 반응을 할 때까지 기다려준다.

친구의 입장이나 상황을 배려해야 할 때는 '포용이'로 공감하며 말하는 것이 좋아. 속상함, 억울함, 불안, 두려움 등 친구가 느끼는 감정에 주목해서 "속상하지…", "억울했구나"와 같이 친구의 감정을 읽어주려고 해봐. 따뜻한 눈빛과 다정한 목소리로 "괜찮아~", "도와줄까?"와 같은 방법으로 말하는 연습을 하자.

'포용이'로
공감하며 말하기

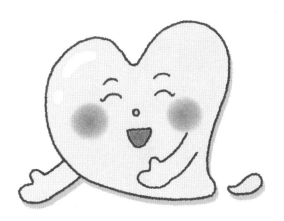

포용이의 장점은 배려심이 있고 친구의 감정에 공감하며 말
하는 거야. 내가 느끼는 감정과 다르다고 하더라도 친구의
감정에 같이 머물러주는 자세가 중요해. 그럼, 어떤 상황에
서 포용이처럼 말해야 하는지 한번 연습해볼까?

친구가 아끼는 반려동물을 잃었을 때

이렇게 말해보자!

반려동물의 수명은 인간보다 짧아. 강아지의 평균 수명은 10~13년, 고양이는 15~20년, 햄스터는 2~3년 정도야. 어릴 때부터 반려동물을 키웠다면 그만큼 일찍 이별의 아픔을 겪게 되지. 가족처럼 지냈던 사랑하는 존재를 더 이상 볼 수 없다는 사실이 너무 슬프고 마음이 힘들어질 수 있어. 친구의 반려동물이 떠나갔다면, 친구가 충분히 슬퍼할 수 있도록 옆에서 공감하고 위로를 건네주자. 나도 반려동물을 떠나보낸 경험이 있다면 같이 이야기를 나누며 친구의 마음을 다독여주는 것도 좋아. 그런 경험이 없더라도, 나에게 소중한 존재를 잃었을 때 어떤 마음일지 느껴보면서 진심으로 위로한다면 친구에게 큰 힘이 될 거야.

 아래의 내용을 따뜻한 표정과 다정한 말투로 말해보자.
더 하고 싶은 말이 있으면 덧붙여도 좋아!

아 정말…? 지금 많이 슬프겠다….
수아야, 뭉크는 널 만나서 정말 행복했을 거야.

'펫로스 증후군'에 대해 생각해볼까?

살아가면서 이별의 경험은 한 번쯤 겪기 때문에 마음의 준비가 필요해. 반려동물(또는 소중한 사람)이 세상을 떠난다면 어떤 감정이 들거나 행동에 변화가 있을지 생각해보자.

펫로스 증후군
(Pet loss syndrome)
반려동물이 세상을 떠났을 때 느끼는 우울감이나 상실감.

예 • 더 잘해주지 못한 것이 후회된다.　• 외롭다.
　　• 눈물이 멈추지 않는다.　　　　　• 밥 먹기 싫다.

친구가 사소한 일로 울 때

이렇게 말해보자!

감정 표현이 서툴러서 자주 우는 친구들이 있어. 속상하거나 답답할 때, 억울하거나 화가 날 때 자신의 감정을 제대로 표현하지 못하고 울음부터 터뜨리는 거야. 우는 이유가 나에게는 사소한 일처럼 보일 수 있지만 친구에게는 커다란 일일 수도 있어. 그러니 "별일 아니야, 괜찮아.", "왜 자꾸 울어."라고 말하기보다는 "속상하구나, 많이 아쉽?"라고 친구의 마음을 읽어주고 공감해주자. 또 '다음부터는 마음을 말로 얘기해달라'고 요청하면 친구도 조금씩 자신의 감정을 잘 표현하게 될 거야.

아래의 내용을 따뜻한 표정과 다정한 말투로 말해보자.
더 하고 싶은 말이 있으면 덧붙여도 좋아!

아… 약속이 미뤄져서 속상하구나.

기대 많이 했었나 봐.

(잠시 기다린 후) 네가 울면 내 마음이 아파.

다음부터는 울지 말고 네 마음을 말로 얘기해줄래?

'사소한 일'에 대해 생각해볼까?

사소한 일에 너무 신경을 쓰다 보면 스트레스도 받고 스스로 힘들어져. 사소한 일을 의연하게 넘길 수 있는 마음의 여유가 필요해. 나에게는 어떤 것이 사소한 일인지 생각해보자.

사소하다(些少하다)
보잘것없이 작거나 적다.

예 • 테이프나 지우개 등 작은 문구를 잃어버리는 일(다시 사면 되니까)
   • 발을 헛디뎌 넘어지는 일(훌훌 털고 일어나면 되니까)

친구가 마음대로 안 된다고 짜증을 낼 때

이렇게 말해보자!

일이 내 마음대로 안된다고 짜증을 내면 주변 사람들까지 불편해지고 분위기가 안 좋아져. '짜증이 나는' 건 자연스러운 감정이지만, '짜증을 내는' 건 감정을 폭발시키는 것과 같거든. 무언가를 못해서 짜증이 나는 이유는 사실 잘하고 싶은 마음이 크기 때문일 거야. 감정 조절을 잘 못하는 친구가 있다면 그 마음을 이해해주면서 "뭐가 잘 안 되는 거야? 내가 도와줄까?"라고 물어보자. 친구가 차분히 마음을 가라앉히고 다시 할 수 있도록 말해주는 거야. 그러면 같이 짜증내지 않고 배려해준것에 대해 나중에 친구가 고마워할 거야.

 아래의 내용을 따뜻한 표정과 다정한 말투로 말해보자.
더 하고 싶은 말이 있으면 덧붙여도 좋아!

뭐가 잘 안 되는 거야? 내가 도와줄까?
줄넘기는 네가 잘하니까 나 도와줬었잖아.
사람이 다 잘할 순 없지.

'짜증'에 대해 생각해볼까?

짜증을 내면 주변 사람들이 불편해지기도 하지만 무엇보다 나중에 스스로 후회하게 돼. 짜증을 내고 후회했던 적이 있었는지 생각해보자.

짜증
마음에 꼭 맞지 않아 발칵 역정을 내는 짓. 또는 그런 성미.

예 ・ 시험을 망치고 와서 짜증을 냈다.
・ 아침에 일어나기 힘들어서 짜증을 냈다.

어울리지 못하고 혼자 노는 친구가 있을 때

이렇게 말해보자!

다른 아이들과 어울리지 못하고 혼자 노는 친구에게 먼저 다가가는 것은 따뜻하고 배려심 있는 행동이야. 친구들을 세심하게 챙기는 멋진 사람인 거지. 다만 갑자기 모두가 우르르 다가가면 그 친구가 부담스러울 수 있어. 처음에는 혼자 가서 "뭐 해? 그거 재밌겠다. 우리 같이 할래?"라고 친구가 하는 놀이에 관심을 보이고 같이 놀아주는 것이 좋아. 그렇게 친구가 적응할 수 있도록 도와준 다음에 차차 사람 수를 조금씩 늘려서 다른 아이들과도 어울릴 수 있게 해주면 좋지. 항상 혼자 노는 친구가 있다면 잘 챙겨주자.

 아래의 내용을 따뜻한 표정과 다정한 말투로 말해보자.
더 하고 싶은 말이 있으면 덧붙여도 좋아!

뭐 해? 그거 재밌겠다.

우리 같이 할래?

'사교성'에 대해 생각해볼까?

사회는 여러 사람이 더불어 살아가는 곳이야. 혼자서는 살 수 없지. 그래서 다양한 사람들과 교류하며 지낼 수 있어야 해. 사교성이 좋은 친구들의 특징을 한번 생각해보자.

사교성(稱讚)
남과 사귀기를 좋아하거나 쉽게 사귀는 성질.

예 • 잘 웃는다.   • 먼저 다른 친구에게 말을 건다.

     • 친절하게 도와준다.   • 적극적으로 대화에 참여한다.

친구가 달리기를 하다가 넘어졌을 때

운동 경기를 할 때 내가 제일 잘 하고 싶은 마음, 이기고 싶은 마음이 있을 거야. 열심히 노력한 보상으로 좋은 결과를 얻으면 성취감도 크지. 하지만 경쟁에서 무조건 이기려 하지 않고 다친 친구를 우선 배려하고 도와주는 모습은 모두의 마음을 따뜻하게 해. "괜찮아? 아프지."라고 상대를 걱정하고 공감해주는 말 한마디가 친구에게는 큰 감동으로 전해질 거야. 운동 경기를 하다가 다친 사람이 있다면 주저하지 말고 도움의 손길을 건네자.

 아래의 내용을 따뜻한 표정과 다정한 말투로 말해보자.
더 하고 싶은 말이 있으면 덧붙여도 좋아!

괜찮아? 많이 아프지.

내가 부축해줄게.

나만 믿어.

세상에는 사람을 도울 수 있는 방법이 아주 많아. 걷는 것을 도와주는 '부축' 외에 신체적으로 다른 사람을 도와줄 수 있는 방법에는 무엇이 있는지 생각해보자.

부축
겨드랑이를 붙잡아 걷는 것을 도움.

예 ・혼자 들기 힘든 물건을 같이 들어준다.

・다친 부위에 약을 발라준다.

나와의 약속에 다른 친구를 데리고 올 때

이렇게 말해보자!

둘이 만나기로 했는데 미리 상의도 없이 다른 친구를 데리고 오면 당황스러울 거야. 하지만 특별히 사이가 안 좋은 친구를 데리고 온 게 아니라면, 이런 상황도 너그럽게 이해하고 받아들여보자. 새로운 친구와의 만남을 통해 색다른 즐거움을 느낄 수 있고, 친구 관계의 폭도 넓힐 수 있거든. 다만 다음부터는 다른 친구를 데려오고 싶다면 내가 마음의 준비를 할 수 있도록 미리 말해달라고 요청하자.

🎙 아래의 내용을 따뜻한 표정과 다정한 말투로 말해보자.
더 하고 싶은 말이 있으면 덧붙여도 좋아!

아~ 그랬어?

응, 괜찮아.

우리 얼른 주문하자. 배고프다.

'상의'에 대해 생각해볼까?

어떤 일에 대해 결정을 내려야 할 때, 서로의 의견을 듣고 존중하며 논의하면 더 좋은 결정을 할 수 있어. 가족 또는 친구와 상의하고 싶은 일에 대해 생각해보자.

상의
어떤 일을 서로 의논함.

예 • 여름 방학에 가고 싶은 여행지를 부모님과 상의한다.
• 토요일에 무엇을 하고 놀지 친구들과 상의한다.

친구가 선거에 출마하며 도와달라고 할 때

이렇게 말해보자!

학급 임원은 후보자가 아무리 뛰어나다고 해도 혼자만의 힘으로 될 수 있는 것이 아니야. 학급 친구들의 도움도 필요하지. 평소에 먼저 친구들을 적극적으로 도와주고 모범적으로 학교생활을 한 친구가 선거에 나간다고 하면 기쁜 마음으로 응원해주자. "내가 열심히 도와줄게."라고 격려해주면 친구도 불끈 힘이 날 거야. 친구가 회장으로 당선되면 진심으로 축하해주고, 학급을 잘 이끌어갈 수 있도록 계속 든든한 응원군이 되어주자.

 아래의 내용을 따뜻한 표정과 다정한 말투로 말해보자.
더 하고 싶은 말이 있으면 덧붙여도 좋아!

와, 대단해! 내가 열심히 도와줄게.
공약도 같이 생각해보자!

'선거'에 대해 생각해볼까?

선거는 대표자나 임원을 뽑는 중요한 일인 만큼, 장난치지 말고 진지하게 임해야 해. 나만의 기준을 미리 세워 두면 투표하기 수월할 거야. 우리 학급을 대표할 임원을 정하는 선거에서 어떤 후보자를 뽑고 싶은지 한번 생각해보자.

선거
일정한 조직이나 집단이 대표자나 임원을 뽑는 일.

예 • 활발해서 친구가 많은 후보자
　　 • 말을 잘하는 후보자
　　 • 모범적으로 생활하는 후보자

승부욕이 과한 친구가 게임을 망칠 때

과도한 승부욕 때문에 하던 게임을 망치고, 놀이의 판을 뒤엎는 친구들
이 있어. 본인의 마음은 속상하겠지만 다른 친구들에게 피해를 주고 곤
란하게 만드는 행동이지. "너 속상해서 그러는구나… 이제 그만하자."라
고 친구의 마음을 다독이되 더 이상 게임이 진행되지 않도록 중재하자.
게임이나 놀이는 이길 때도 있고, 질 때도 있는 거야. 이기면 기분이 좋
지만, 지더라도 승부를 인정하고 상대를 축하해주는 자세가 더 멋진 모
습이라는 걸 잊지 마.

 아래의 내용을 따뜻한 표정과 다정한 말투로 말해보자.
더 하고 싶은 말이 있으면 덧붙여도 좋아!

너 속상해서 그러는구나…

이제 그만하자.

오늘따라 네가 게임이 안 풀리는 것 같아.

적당한 승부욕은 더 좋은 결과를 만들기도 하
지만, 승부욕이 지나치면 공격적이고 이기적
인 태도가 나올 수 있으니 조심해야 해. 내가
승부욕을 보일 때는 언제인지 생각해보자.

승부욕
상대와 경쟁을 하여 승부
를 내거나 이기려고 하는
욕구나 욕심.

예 • 뽑기에서 인형이 나올 때까지 하려고 한다.
  • 음식을 먹을 때 배불러도 친구보다 더 먹으려고 한다.

부모님을 도와서 집안일을 해야 할 때

이렇게 말해보자!

여러 사람이 모여서 함께 생활할 때는 서로 협동해야 해. 가정에서도 모두가 힘을 합쳐 집안일을 함께해야 하지. 부모님이 집안일을 시키면 불평을 늘어놓는 친구들도 있을 거야. 하지만 집안일은 가족이 모두 같이 하는 것이고, '내가 사는 곳'을 스스로 청결하게 만드는 일이야. 부모님이 도움을 요청했을 때 "제가 할게요. 또 도와드릴 거 있어요?"라고 말해보자. 작은 집안일이라도 내가 할 수 있는 일을 책임지고 해낸다면 성취감과 자신감을 얻게 될 거야. 아침에 침대 정리를 하거나 가지고 논 장난감은 제자리에 두는 습관 등을 기르면 집안일을 줄일 수 있으니, 평소 정리하는 습관을 길러보자.

 아래의 내용을 따뜻한 표정과 다정한 말투로 말해보자.
더 하고 싶은 말이 있으면 덧붙여도 좋아!

네, 제가 할게요.
또 도와드릴 거 있어요?

'협동'에 대해 생각해볼까?

협동하면 혼자일 때보다 목표를 빠르게 이룰 수 있고, 공동체 생활을 잘할 수 있어. 내가 도울 수 있는 집안일에 대해 생각해보자.

협동
서로 마음과 힘을 하나로 합함. 여럿이 힘을 합쳐 하나의 목표를 수행하기 위해 일함.

예 · 옷 가지런히 걸어두기, 빨래 개기, 작은 쓰레기통 비우기, 수저 놓기 등

이성적이고 현실적으로 상황을 판단해야 할 때는 '침착이'로 차분하게 말해야 해. 이성적인 판단을 하지 못하면 분별력을 잃고 자기 생각만 고집하게 되거든. 개인적인 감정은 잠시 빼두고, 무덤덤한 어조와 낮은 목소리로 "구체적으로 말하면", "정리하면", "현실적으로", "비교해 봤을 때", "한번 생각해보자"와 같은 방법으로 말하는 연습을 하자.

'침착이'로
조리 있게 말하기

침착이의 장점은 차분하게 말하고 객관적인 사실 중심으로
조리 있게 이야기를 하는 거야. '누가, 언제, 어디서, 무엇
을, 어떻게, 왜'라는 육하원칙과 사실에 근거해서 생각하고
말해야 오해가 생기지 않아. 그럼, 어떤 상황에서 침착이처
럼 말해야 하는지 한번 연습해 볼까?

1

새 학기 자기소개를 해야 할 때

이렇게 말해보자!

자기소개를 할 때는 먼저 큰 소리로 인사를 하고 또박또박 이름을 말한 다음, 사물이나 동·식물, 음식, 캐릭터 등에 나를 비유하고 그 이유를 이야기해봐. 짧은 시간에 친구들이 나를 잘 기억할 수 있어. 거기에 성격이나 취미, 관심사, 특기, 장래 희망 등 나의 특징을 한두 가지 덧붙이면 좋아. 마지막은 같은 반이 된 것에 대한 기쁨이나 반가움과 함께 끝인사를 하며 마무리하면 돼. 거울을 보면서 '인사-이름-비유-이유-특징-끝인사' 순으로 자기소개를 여러 번 연습해보자.

 아래의 내용을 침착하게 당당한 말투로 말해보자.
더 하고 싶은 말이 있으면 덧붙여도 좋아!

안녕? 내 이름은 안현재야.

나는 바다거북 같은 사람이야. 왜냐하면 평소에는

조금 느리지만 잘하는 걸 할 때는 빨라지거든.

내가 잘하는 건 책 읽기랑 리코더 불기야.

만나서 반가워. 앞으로 잘 지내자!

'자기소개'에 대해 생각해볼까?

자기소개를 하려면 내가 누구인지를 알고 무엇을 소개할지 정해야 해. 나를 소개할 때 어떤 것을 말하면 좋을지 생각해보자.

자기소개
자신을 타인에게 소개하는 것.

예 • 나의 성격, 취미, 가족관계, 좋아하는 것, 잘하는 것, 장래 희망 등

회장 선거 연설문을 준비할 때

이렇게 말해보자!

공약은 선거에서 매우 중요해. 먼저, 평소에 친구들이 겪었던 불편이나 불만을 해결할 방법이 무엇인지 곰곰이 생각해보자. 단, 학교의 상황과 예산 등을 고려해서 현실적으로 가능한 공약을 세워야 해. 공약을 다 정했으면 간단한 문구로 정리하고, 짧게 부연 설명을 붙이면 돼. 그런 다음 선거 운동을 위한 포스터와 피켓을 만들고, 마지막으로 연설문을 열심히 연습해야 해. 목소리는 힘 있게, 발음은 또박또박, 제스처는 크게! 당당하고 열정적으로 공약을 외쳐야 친구들의 관심을 끌고 호응을 얻을 수 있어.

 아래의 내용을 침착하게 당당한 말투로 말해보자.
더 하고 싶은 말이 있으면 덧붙여도 좋아!

안녕하세요? 기호 1번 안현재입니다.

저는 여러분이 세 가지 감정을 느끼도록 하겠습니다.

첫째, 즐거움입니다. 둘째, 따뜻함입니다.

셋째, 뿌듯함입니다. 즐겁고 따뜻하고 뿌듯한 학교!

제가 만들겠습니다.

'공약'에 대해 생각해볼까?

당선되면 공약을 지켜야 하므로 현실적이면서도 도움이 되는 것으로 생각해야 해. 나라면 어떤 공약을 내세울지 생각해보자.

공약(公約)
후보자가 어떤 일을 실행할 것인지 약속함. 또는 그런 약속.

예 • 이달의 칭찬왕 뽑기, 우산 대여함 설치하기 등

연설문 예시 ①

안녕하세요? 기호 1번 ○○○입니다.

우리 학교 교훈 아시죠? **감**사한 마음으로 **정**성을 다하자!

줄여서, 감정!

저는 여러분이 학교에서 **세 가지 감정**을 느끼도록 하겠습니다.

첫째, 즐거움입니다.

친구들이 좋아하는 '**마니또 게임**'을 2주에 한 번씩 시행하겠습니다.

둘째, 따뜻함입니다.

친구들의 고민과 어려움에 경청하기 위해 '**고민 상담 우체통**'을 학급마다 설치하겠습니다.

셋째, 뿌듯함입니다.

하루에 한 명씩 여러분의 **1:1 도우미**가 되겠습니다.

저 ○○○을 잘 뽑았다고 뿌듯해하게 될 겁니다.

즐거운 학교! 따뜻한 학교! 뿌듯한 학교! 제가 만들겠습니다.

기호 1번, ○○○! 저를 꼭 뽑아주세요. 감사합니다.

연설문 예시 ②

안녕하십니까? 기호 4번 □□□입니다.

＊ 동요 '리 자로 끝나는 말' 개사
사(4), 사(4), 사(4)자로 시작하는 말.
4번 후보 □□□ 시작합니다.

사! 사소한 이야기도 귀 기울여 듣겠습니다.

사! 사실 하루 중 가장 행복한 급식 시간. 급식 시간을 더 행복하게 만들기 위해 '희망 메뉴 추천함'을 설치하겠습니다.

사! 사랑과 우정이 꽃피는 학교를 위해 매달 첫째 주 월요일을 '우정의 날'로 정하겠습니다.

＊ 동요 '리 자로 끝나는 말' 개사
사(4), 사(4), 사(4)자로 시작하는 말.
4번 후보 □□□을 뽑아주세요.

사랑합니다!

친구가 하는 연설을
직접 듣고 따라해 봐!

삼현초등학교 5학년
윤서하 어린이

3

어느 쪽을 결정할지 고민될 때

이렇게 말해보자!

살면서 결정해야 할 일들이 무척 많아. 어느 쪽으로 결정해야 좋을지 고민될 때는 내가 중요하게 생각하는 '우선순위'를 정한 후, 그걸 기준으로 대안들을 꼼꼼하게 비교해 보는 것이 좋아. 그러면 어느 쪽이 나에게 더 좋은 선택일지 쉽게 판단할 수 있거든. 특별히 중요하게 생각하는 점이 없다면 대안들의 좋은 점과 안 좋은 점을 비교해서 각각 생각해봐. 그중에 좋은 점이 많은 쪽을 결정하면 돼. 무언가를 결정해야 할 때는 우선순위를 정하고 비교해 보는 습관을 갖도록 하자.

 아래의 내용을 침착하게 차분한 말투로 말해보자.
더 하고 싶은 말이 있으면 덧붙여도 좋아!

거리하고 친구, 두 가지를 생각해봤는데요.

저는 B 학원 다니고 싶어요.

자전거 타고 가더라도 아는 친구들이 있는 게 편해요.

그러면 빨리 적응해서 공부에 집중할 수 있어요.

'결정'에 대해 생각해볼까?

스스로 결정하지 못하면 부모님이나 친구들의 결정을 따르게 되지. 내 삶의 주인공은 나라는 걸 잊지 마. 어떤 결정을 할 때 따져볼 수 있는 것들을 생각해보자.

결정
행동이나 태도를 분명하게 정함. 또는 그렇게 정해진 내용.

예 ·시간, 거리, 비용, 환경, 시설, 내 취향 등

4

밖에서 길을 잃었을 때

이렇게 말해보자!

마트나 놀이공원처럼 사람이 많은 곳에서는 한순간에 부모님을 놓칠 수가 있어. 길을 잃어버렸을 때는 그 자리에 멈춰서 부모님이 찾으러 오기를 기다리자. 시간이 지나도 부모님이 오지 않을 때는 유니폼을 입은 직원을 찾아가 도움을 요청하도록 해. 부모님에게 대신 전화를 걸거나 고객 민원센터에 상황을 전달하고 안내 방송을 통해 도움을 주실 거야. 길거리나 공공시설 등에서는 경찰관이나 소방관, 어린이 안전지킴이 분들에게 도와달라고 말하면 돼. 평소 외워두었던 부모님 이름, 전화번호, 집주소를 침착하게 말하면 부모님을 다시 만날 수 있어. 걱정하지 마.

 아래의 내용을 침착하게 차분한 말투로 말해보자.
더 하고 싶은 말이 있으면 덧붙여도 좋아!

엄마를 따라가다가 놓쳐서 길을 잃어버렸어요.
제 이름은 안현재고요.
엄마 전화번호 알아요.

'암기'에 대해 생각해볼까?

중요한 정보일수록 꼭 암기하고 있어야 해. 중요한 정보를 기록한 휴대폰이나 노트 등을 분실하는 예기치 못한 상황도 있을 수 있거든.
혹시 모를 일에 대비하기 위해 암기해 두어야 할 것들을 생각해보자.

암기
외워서 잊지 않음.

예 ·엄마 아빠 전화번호, 집 주소, 집 현관문 비밀번호 등

5

온라인 친구가 내 사진을 보여달라고 할 때

이렇게 말해보자!

요즘은 온라인 게임이나 익명 질문 앱, SNS 등 온라인 친구를 사귈 수 있는 방법이 많아. 하지만 그 이면에는 디지털 범죄라는 어두운 그림자도 존재하지. 디지털 시대에 온라인 소통을 완전히 막을 수는 없지만 안전하게 친구를 사귀어야 해. 온라인에서 만난 친구는 실제로 누구인지 정확히 알 수 없어. SNS에 가짜 계정을 만들어 다른 사람을 사칭하는 범죄도 많아. 그러니 개인정보나 사진, 영상 등을 의심 없이 보내면 안 돼. 마음속으로 경각심을 가지고 이성적인 판단을 하되, 겉으로는 일부러 장난스럽게 이야기해서 상황을 잘 넘기도록 하자.

 아래의 내용을 겉으로만 일부러 장난스럽게 말해보자.
더 하고 싶은 말이 있으면 덧붙여도 좋아!

(실제로 본 적도 없는 친구인데, 이건 위험한 것 같아. 그냥 장난스럽게 넘겨야겠다.)
절대 안 돼! 부끄러워~

'온라인'에 대해 생각해볼까?

온라인 활동이 무조건 나쁜 것은 아니야. 하지만 너무 많은 시간을 쓰고 있다면 주의할 필요가 있어. 내가 하고 있는 온라인 활동에 대해 생각해보자.

온라인(on-line)
컴퓨터의 단말기가 중앙 처리 장치와 통신 회선으로 연결되어 정보를 전송하고, 중앙 처리 장치의 직접적인 제어를 받는 상태.

예 • 유튜브, 인스타그램, 온라인 게임, 쇼핑 앱 등

6

형제자매와 서로 양보하지 않고 실랑이할 때

이렇게 말해보자!

나이가 더 많다고 양보하거나 어리다고 무조건 양보를 받아야 하는 건 아니야. 양보는 상대를 배려하는 행동인데, 그걸 당연하게 생각하면 안 되지. 이럴 때는 모든 걸 양보하기보다는 절충안을 제시할 수도 있어. 타는 순서는 양보하되, 사이좋게 똑같이 나눠 타는 방법으로 상황을 현명하게 해결하는 거야. 처음에 타는 사람이 계속 더 타겠다고 우길 수도 있으니, 처음부터 규칙을 정해서 공평하게 탈 수 있도록 하자. 때로는 내가 기분이 좋을 때 다 양보하고 나는 쿨하게 다른 놀이를 하는 방법도 생각해 봐.

 아래의 내용을 침착하게 차분한 말투로 말해보자.
더 하고 싶은 말이 있으면 덧붙여도 좋아!

**그러면 이렇게 하자. 먼저 타.
네가 먼저 다섯 바퀴 타고
그 다음에 내가 다섯 바퀴 탈게.**

'공평'에 대해 생각해볼까?

내가 배려할 때도 있지만, 때로는 공평해야 할 때도 있어. 그래야 싸움이 일어나지 않고 마음의 앙금이 생기지 않거든. 공평해야 하는 일들에는 뭐가 있는지 생각해보자.

공평
편견 없이 평등함.

예 ・음식의 양을 똑같이 나눠 먹는 일   ・기회를 공평하게 주는 일

75

7

동생이 잘못해 놓고 내 탓을 할 때

형제자매간에 말다툼하는 걸 들어보면 서로의 탓을 하는 경우가 많아. 일이 잘 되지 않아서 속상해하는 마음은 이해하지만, 남 탓을 하면 듣는 사람은 기분이 좋지 않지. 물론 가족이니까 동생의 마음을 너그럽게 받아줄 수도 있어. 하지만 동생이라는 이유로 매번 손윗형제가 자기 잘못이 아닌 일을 그냥 넘어갈 수는 없는 거야. 내 잘못이 아닌 이유를 동생에게 차분하게 차근차근 설명해주자. 억울하고 화가 나는 상황이라도, 감정적으로 대하는 것보다는 마음을 가라앉히고 이성적으로 이야기하는 것이 형제자매 사이를 지키는 멋진 일이야.

 아래의 내용을 침착하게 차분한 말투로 말해보자.
더 하고 싶은 말이 있으면 덧붙여도 좋아!

네가 속상한 건 이해하지만 내 잘못은 아니지.
왜냐하면 블록이 쓰러진 건 나하고 상관없어.
블록을 정교하게 쌓아야 안 쓰러지는 거지.

남을 탓하는 것은 자기 잘못이나 실수를 인정하지 않는 행동이야. 자신의 말과 행동을 돌아볼 때 더 멋진 사람으로 성장할 수 있어. 내 잘못인데 남 탓으로 돌려서 후회했던 일을 생각해보자.

탓
구실이나 핑계로 삼아 원망하거나 나무라는 일.

예 • 엄마가 안 깨워서 늦잠을 잤다고 엄마 탓을 했다.
　　• 장난치다가 선생님한테 걸린 것을 친구 탓을 했나.

8

선생님의 설명이 잘 이해되지 않을 때

이렇게 말해보자!

선생님의 설명을 잘 이해하지 못했을 때는 그냥 넘어가면 안 돼. 알아들은 척하고 그냥 넘어가면 점점 모르는 것이 많아지고, 실수할 수 있거든. 모르는 것을 묻는 것은 전혀 부끄러운 일이 아니야. 그러니 용기를 내서 "다시 말씀해주실래요?", "무슨 뜻인가요?"라고 똑 부러지게 질문하자. 선생님이 하시는 말씀을 정확하게 듣고 이해하려고 노력하는 것은 아주 좋은 학습 태도야. 이왕이면 들은 내용을 공책에 적어서 잘 기억해 두면 더 좋겠지?

 아래의 내용을 침착하게 차분한 말투로 말해보자.
더 하고 싶은 말이 있으면 덧붙여도 좋아!

선생님, 죄송한데 잘 못 들었어요.

갑자기 소음이 나서요.

다시 말씀해주실래요?

'질문'에 대해 생각해볼까?

질문을 하고 설명을 들으면 몰랐던 것을 더 잘 이해할 수 있어. 질문하는 것을 두려워하거나 부끄러워하지 않아도 돼. 잘 이해하지 못했을 때는 어떻게 질문하면 좋을지 생각해보자.

질문
알고자 하는 바를 얻기 위해 물음.

예 • 한 번 더 설명해주실래요?
 • 그 말이 무슨 의미인가요?
 • 못 들었는데 조금 천천히 말해주실 수 있나요?

자신의 의견이나 감정을 표현해야 할 때는 '솔직이'로 진실하게 말하는 것이 좋아. 나와 다른 의견을 내고, 다른 감정을 느끼는 사람도 있지만 나의 의견과 감정은 오롯이 나의 것이야. "정말 기뻐!", "마음이 불편해", "부담 돼"와 같이 솔직하게 감정을 드러내고 "와!/어머!/정말?/에휴…." 이런 감탄사도 사용해봐. 또 평소에 감정이 담긴 표정과 목소리로 "좋아/싫어", "하고 싶어/하고 싶지 않아"와 같은 방법으로 말하는 연습을 하자.

'솔직이'로
감정 표현하며 말하기

솔직이의 장점은 자신의 의견과 감정을 잘 드러내고 표현 **하는 거야.** 기쁘거나 슬플 때는 그때 느끼는 감정을 말해주고, 친구에게 서운하거나 불편한 마음이 들 때는 속으로 숨기지 말고 솔직하게 자신의 의견을 말해야 해. 그럼, 어떤 상황에서 솔직이처럼 말해야 하는지 한번 연습해볼까?

친구에게 칭찬을 들었을 때

이렇게 말해보자!

나의 좋은 점이나 자신에게 도움을 준 것에 대해 상대가 칭찬하고 고마
워할 때가 있어. 이럴 때 괜히 부끄러워서 자신을 낮추거나 "아니에요.",
"아니야, 뭘."이라고 대답하는 사람이 있는데 꼭 그럴 필요는 없어. 자연
스럽게 "감사합니다."라고 말하면 돼. 상대가 칭찬해준 것에 대해 "그렇
게 말해줘서 고마워."라고 나도 상대에게 고마움을 표현할 수도 있어.
칭찬과 감사의 표현은 자주 할수록 좋아. 친구들에게도 자주 해주고, 내
가 받은 칭찬도 자연스럽게 받아들이자.

 아래의 내용을 상황에 맞는 감정과 목소리로 말해보자.
더 하고 싶은 말이 있으면 덧붙여도 좋아!

그렇게 말해줘서 고마워.

깔끔하게 잘린 거 보니까 나도 기분이 좋네.

'감사'에 대해 생각해볼까?

칭찬은 상대의 존재를 인정하는 아주 좋은 태
도야. 이에 대해 감사하는 마음을 잊지 않는
자세를 가져야 해. 친구나 가족, 주변 사람들
에게 감사(고마움)를 느낀 일이 무엇인지 생각해보자.

감사
고맙게 여기는 마음이나
느낌.

예 • 부모님이 맛있는 음식을 해주셔서 감사했다.
　　• 내가 공부할 때 조용히 있어준 동생이 고마웠다.
　　• 갑자기 배가 아팠을 때 보건실에 같이 가준 친구가 고마웠다.

친구가 심하게 잘난 척을 할 때

잘난 척하는 사람은 다른 사람의 인정을 통해서 자기 존재를 확인하려는 사람이야. 결과가 좋든 좋지 않든 스스로 노력한 사람은 다른 사람의 인정을 받으려고 하지 않거든. 다른 친구와 비교하며 잘난 척하기보다는 지금의 내 모습이 과거의 자신보다 얼마나 성장했는지가 더 중요해. 그리고 가장 친하게 지내고 싶지 않은 친구의 유형이 바로 '잘난 척하는 친구'라는 의견이 많으니 너무 신경 쓰지 마. 다만 친구가 잘난 척하면서 나를 깎아내리고 기분 나쁘게 말한다면 참지 말고 "난 상관없어, 괜찮아."라고 솔직하게 이야기하자.

 아래의 내용을 상황에 맞는 감정과 목소리로 말해보자.
더 하고 싶은 말이 있으면 덧붙여도 좋아!

난 상관없어. 괜찮아.
틀릴 수도 있지.
다음에 잘하면 돼.

잘하는 게 생기면 자신도 모르게 잘난 척을 할 때가 있어. 내가 잘하는 게 뭔지 생각해 보고, 우쭐대거나 잘난 척하지 않도록 조심하자.

잘난 척
자신이 남보다 대단하다고 생각하고 자기를 뽐내는 것.

예 ·영어 단어 외우기, 줄넘기, 수학 문제 풀기 등

친구가 자기 옆자리에만 앉으라고 고집부릴 때

친구가 매번 자리를 맡아 놓고 자기 옆자리에만 앉으라고 하는 등 자기 원하는 대로 고집을 부리면 조금 부담스러울 수 있어. 때로는 편하게 혼자 앉고 싶을 때도 있고, 다른 친구하고 앉고 싶을 때도 있는데 말이지. 친구가 원하는 것을 내가 다 들어줄 수는 없어. "자리 맡아줘서 고마운데, 오늘은 뒤쪽에 앉고 싶어."라고 솔직한 마음을 이야기하자. 친구가 섭섭해하더라도 어쩔 수 없어. 계속 고집을 부리면 곁에 있는 소중한 사람들이 떠난다는 것을 친구가 알게 되는 날이 올 거야.

 아래의 내용을 상황에 맞는 감정과 목소리로 말해보자.
더 하고 싶은 말이 있으면 덧붙여도 좋아!

자리 맡아줘서 고마운데,

나 오늘은 뒤쪽에 앉고 싶어.

다음에 같이 앉자! 다음에는 내가 네 자리 맡아 놓을게.

'고집'에 대해 생각해볼까?

고집을 부린다고 해서 매번 내가 원하는 대로 상황이 바뀌는 것은 아니야. 그런 방식은 오히려 상대에게 반감을 주지. 그동안 내가 고집부렸던 것에 대해 생각해보자.

고집
자기의 의견을 바꾸거나 고치지 않고 굳게 버팀. 또는 그렇게 버티는 성미.

예 • 학원에 안 가겠다고 고집부렸다.
　　• 놀이터에서 더 놀다 들어가겠다고 고집부렸다.

원하지 않는 일에 추천 받았을 때

이렇게 말해보자!

친구들이 나를 좋게 보고 추천하는 건 고맙고 기분 좋은 일이지만, 친구들을 대표하고 이끌어야 하는 큰 책임감이 생기니 부담스럽기도 해. 스스로 준비되어 있지 않은 상태에서 다른 사람에 의해 억지로 어떤 책임을 맡게 되면 주어진 역할을 잘 해낼 수 없어. 친구들과 선생님에게 미안한 마음이 들더라도 결국 결정은 내가 해야 해. "추천은 고맙지만, 다른 친구가 했으면 좋겠습니다."라고 솔직하게 말하자. 하지만 언제든 마음의 준비가 되었다면 용감하게 도전해보는 것도 좋아. 리더십을 키울 수 있는 특별한 경험이 될 거야.

 아래의 내용을 상황에 맞는 감정과 목소리로 말해보자.
더 하고 싶은 말이 있으면 덧붙여도 좋아!

추천은 고맙지만, 다른 친구가 했으면 좋겠습니다.

솔직히 말하면, 제가 잘하지 못할 것 같아서

우리 반에 피해가 될까 봐 부담돼요.

'추천'에 대해 생각해볼까?

누군가를 추천할 때는 장난치지 말고 신중해야 해. 그 역할을 잘 해낼 수 있는 적합한 사람인지를 따져봐야 하거든. 내가 추천하고 싶은 친구 유형을 생각해보자.

추천(推薦)
어떤 조건에 적합한 대상을 책임지고 소개함.

예 • 부지런하고 성실한 친구, 씩씩하고 활달한 친구, 공부를 잘하는 친구 등

친구들이 장난치는 말에 기분이 나쁠 때

아주 가까운 친구 관계에서는 종종 서로의 실수나 단점을 장난으로 놀릴 때가 있어. 허물 없이 친하게 지내기 때문에 서로 놀리고 웃으면서 사이가 더 가까워지기도 해. 하지만 장난이 지나쳐서 누군가 기분이 상한다면 그때는 멈춰야 해. 장난은 서로 기분이 좋을 때만 장난으로 받아들일 수 있거든. 친구들이 장난으로 하는 말인 걸 알지만 내 기분이 나쁘다면 숨기지 말고 "나는 기분이 안 좋으니까 웃지 않았으면 좋겠어."라고 솔직하게 말해야 해. 또, 나도 장난치며 말할 때 친구들의 기분을 상하게 하지는 않았는지 돌아보도록 하자.

 아래의 내용을 상황에 맞는 감정과 목소리로 말해보자.
더 하고 싶은 말이 있으면 덧붙여도 좋아!

얘들아, 장난으로 하는 말인 건 아는데

내 기분이 안 좋으니까 웃지 않았으면 좋겠어.

내가 어릴 때 다친 적이 있어서 공을 **무서워해.**

'장난'에 대해 생각해볼까?

장난은 서로 기분이 좋을 때 허용되는 거야. 들었을 때 기분이 나쁘다면 상대에게 이야기해야 해. 장난이라도 내가 듣고 싶지 않은 얘기는 무엇인지 생각해보자.

예 • 공부 못한다는 얘기, 말이 느리다는 얘기 등

장난
주로 어린아이들이 재미로 하는 짓. 또는 짓궂게 하는 못된 짓.

친구가 다른 친구들과 못 놀게 할 때

이렇게 말해보자!

유독 나하고만 놀고 싶어 하는 친구가 있어. 내가 옆에 있는 게 익숙하고 안전하다고 느끼니, 나에게 의존하고 집착하는 거지. 냉정하게 거절하면 친구가 불안해할 수 있으니 "나도 너랑 노는 거 좋아해."라고 말하자. 그런 다음에 "나는 다른 친구들이랑 노는 것도 좋아."라고 솔직하게 말해봐. 사람은 소유하는 대상이 아니기 때문에, 친구에게 집착하면 관계에 문제가 발생해. 또 다양한 친구들과 관계를 맺는 것은 중요해. 나와는 다른 사람들과 어울리면서 내가 성장하고 학교생활이 더욱 즐거워지거든. 친구가 나에게만 집착하지 않게 다른 친구들과 어울릴 수 있도록 도와주면 더 좋겠지?

 아래의 내용을 상황에 맞는 감정과 목소리로 말해보자.
더 하고 싶은 말이 있으면 덧붙여도 좋아!

나도 너랑 노는 거 좋아해.
다른 애들이랑 노는 것도 좋아하고.
나는 다 같이 잘 지냈으면 좋겠어.

'집착'에 대해 생각해볼까?

어떤 과제나 한 분야에 대해 집착하는 건 탐구심을 기르고 좋은 성과를 내는 데 도움이 돼. 하지만 특정 물건이나 사람에게 집착하는

집착(執着)
어떤 것에 늘 마음이 쏠려 잊지 못하고 매달림.

건 조심해야 해. 살아오면서 내가 집착했던 것은 없는지 생각해보자.

예 • 어릴 때 끌어안고 자던 인형, 매일 덮는 이불, 캐릭터 신발 등

친구가 내 SNS에만 '좋아요'를 안 눌러줄 때

이렇게 말해보자!

SNS를 통해 내 일상을 공유하고 친구들과 소통하는 것은 디지털 시대의 색다른 즐거움이야. 하지만 팔로워 수와 댓글 수에 연연하거나 '좋아요'에 너무 의미를 둘 필요는 없어. 내용도 보지 않고 습관적으로 누르는 사람도 있고, 그냥 지나치는 사람도 있거든. 물론 친한 친구가 내 SNS에 반응을 해주지 않으면 서운한 마음이 들 수 있지만, 나쁜 의도가 있는 게 아니라면 심각하게 받아들일 필요는 없어. "나도 '좋아요' 눌러줘."라고 솔직하게 말하면 되는 거야. SNS 때문에 스트레스 받지 말고 실생활 속에서 더 즐겁게 소통하자.

 아래의 내용을 상황에 맞는 감정과 목소리로 말해보자.
더 하고 싶은 말이 있으면 덧붙여도 좋아!

나 너한테 하고 싶은 말 있어.

사실 나 네가 내 SNS에는 '좋아요' 안 눌러줘서 서운해.

일부러 그런 건 아니지? 내 것도 눌러줘~

'SNS'에 대해 생각해볼까?

SNS는 적당히 즐기는 것이 중요해. SNS에 너무 신경을 쓰거나 많은 시간을 사용하면 문제가 생기거든. SNS의 장단점을 생각해보자.

예 • 장점: 내 생각과 경험을 기록할 수 있다, 친구들의 일상과 관심사를 알 수 있다 등
• 단점: 한 번 보면 시간을 많이 뺏긴다, 친구들과 비교해서 자존감이 떨어진다 등

SNS
(Social Network Service의 약자, 소셜 네트워크 서비스)
다른 사람들과 교류할 수 있도록 하는 프로그램 등의 서비스.

95

나를 공격하는 DM을 받았을 때

일방적으로 DM(다이렉트 메시지)을 보내서 욕을 하거나 비하하는 말로 상대를 기분 나쁘게 하는 건 비겁한 행동이야. 마음에 안 드는 점이 있으면 직접 말하면 되고, 그 말을 듣고 상대가 고치려고 노력할 수도 있는데 말이지. 이런 비겁한 행동에 일일이 반응할 필요 없어. 기분이 나쁘고 황당하더라도 신경 쓰지 말고 내 할 일에 집중하자. 때로는 '반응하지 않는 것'이 가장 좋은 대처 방법이야.

 아래의 내용을 상황에 맞는 감정과 목소리로 말해보자.
더 하고 싶은 말이 있으면 덧붙여도 좋아!

뭐라고? **기분 나빠.**

어? 나 차단 당했네. **어이없어…**

그러든지 말든지, 난 신경 안 써.

'비겁'에 대해 생각해볼까?

자신의 말과 행동이 얼마나 당당하고 떳떳한 지, 내가 책임질 수 있는지 생각해 봐야 해. 그렇지 않다면 그건 비겁한 모습이야. 상대에 게 상처와 고통만을 주는 비겁한 행동에 대해 생각해보자.

비겁(卑怯)
비열하고 겁이 많다.

예 • 앞에서 친한 척하다가 뒤에서 험담을 한다.

• 친구에 대해 사실이 아닌 소문을 퍼뜨린다.

• 친구가 말할 때 못 들은 척하거나 대답하지 않는다.

상태 메시지로 나를 저격할 때

이렇게 말해보자!

카톡 상태 메시지로 친구를 저격하는 일이 많이 벌어지고 있어. 특정 이름이나 욕을 자음으로만 표현해도 당사자는 알 수 있게 써 놓는 식이지. 나쁜 의도가 다분한 비겁한 행동이지만, 정확한 이름과 욕을 직접적으로 쓰진 않았기 때문에 "너 아닌데?"라고 발뺌하면 할 말은 없어. 실제로 이런 일이 사이버 명예훼손 혐의로 재판에 넘겨졌지만, 그 표현이 누구를 지칭한 것인지 단정할 수 없어 무죄 판결이 난 사례도 있지. 그러니 마음은 찜찜하더라도 신경 쓰지 말자.

 아래의 내용을 상황에 맞는 감정과 목소리로 말해보자.
더 하고 싶은 말이 있으면 덧붙여도 좋아!

에잇, 신경 쓰지 말자.
어차피 물어봐도 내 욕 아니라고 발뺌할 텐데 뭐.

'상태'에 대해 생각해볼까?

사람의 기분은 날씨처럼 상태가 계속 바뀌어. 외부적인 환경은 내가 바꿀 수 없지만 자신에게 스스로 좋은 말을 해주면 행복해져. 기분이 좋아지는 카톡 상태 메시지를 생각해보자.

상태(狀態)
사물·현상이 놓여 있는 모양이나 형편.

예
- 기대기대♡
- 설렘ㅎㅎ
- 오늘도 럭키비키☆
- 매일매일 Happy

부모님이 동생에게 양보하라고 할 때

이렇게 말해보자!

손윗형제라는 이유만으로 동생에게 양보하라는 말을 들으면 억울한 마음이 들 수 있어. 동생보다 상대적으로 나이가 많을 뿐, 나도 아직 어린데 말이야. 동생이 단지 나이가 적다는 이유로 항상 양보 받아야 하는 건 아니야. 부모님은 여러 면에서 경험이 없고 서툰 동생을 내가 배려했으면 하는 거야. 그런 마음으로 양보해주면 좋겠어. 다만 때때로 버겁다면 부모님께 "오늘은 양보하고 싶지 않아요"라고 솔직하게 털어놔. 그리고 "동생이니까 형(오빠)/누나(언니) 말 잘 들어"라는 부모님의 말이 부당하게 느껴질 수 있는 동생의 입장도 한번 생각해주자.

 아래의 내용을 상황에 맞는 감정과 목소리로 말해보자.
더 하고 싶은 말이 있으면 덧붙여도 좋아!

항상 나만 양보하는 것 같아서 억울해요.
오늘은 양보하고 싶지 않아요.

'양보'에 대해 생각해볼까?

양보는 사람에 대한 배려 깊은 행동이야. 그러니 양보하는 사람이 많으면 세상이 더 따뜻해지겠지. 내가 양보했거나 또는 양보를 받았던 따뜻한 기억을 생각해보자.

양보(讓步)
자신의 불편함을 감수하면서도 남에게 도움을 주는 행동.

예 · 지하철에서 나이 드신 어르신들에게 자리를 양보했다.
　· 놀이공원에서 내가 화장실이 급했을 때 또래 친구가 먼저 들어가라고 양보해주었다.

혼자만의 시간이 필요할 때

이렇게 말해보자!

예민한 시기에는 부모님이 나를 챙겨주시는 것조차 싫을 수 있어. 내 방에서 마음 편히 쉬고 싶은데 방해 받는 기분이 들 수 있지. 이럴 때는 감정적으로 말하지 말고, 부모님에게 나의 상황과 감정, 요청 사항을 짧게 알려드려야 해. "혼자만의 시간이 필요해요. 노크하시면 제가 나올게요."라고 말하자. 식탁, 방문 등에 간단히 메모를 남겨도 좋아. 감정적으로 말하거나 대화를 회피하는 건 건강한 소통 방식이 아니야. 힘든 시기를 잘 넘기고, 사랑하는 가족과의 관계를 망치지 않으려면 최소한의 의사 표현은 해야 한다는 걸 잊지 마.

 아래의 내용을 상황에 맞는 감정과 목소리로 말해보자.
더 하고 싶은 말이 있으면 덧붙여도 좋아!

지금은 저 혼자만의 시간이 필요해요.

내 방에 아무도 들어오지 않았으면 좋겠어요.

노크하시면 제가 나올게요.

'경계'에 대해 생각해볼까?

사람 사이에는 적당한 경계가 필요해. 나를 보호하면서도 다른 사람과의 갈등을 줄일 수 있거든. 가족이나 친구 등 주변 사람과 경계를 두고 싶은 것을 생각해보자.

경계
선을 그어 구분해 놓은 곳. 위험한 상황을 미리 감지하고 조심하는 것.

예 ・내 물건에 손대지 않는 것   ・내 휴대폰이나 일기를 몰래 보지 않는 것

불편한 친구 관계에 대해 선생님께 말씀드릴 때

이렇게 말해보자!

매일 같은 공간에서 생활해야 하는데, 나를 불편하게 만드는 친구가 있다면 학교생활이 매우 힘들 거야. 한두 번은 참아도 계속 그런 일이 반복된다면 불편함을 넘어서 괴롭힘이 될 수 있어. 친구에게 직접 말해도 바뀌지 않으면 스스로 선생님을 찾아가야 해. 학교에서 일어난 일이니 부모님에게 말씀드리기 전에 먼저 선생님께 학교생활의 어려움을 털어놓는 것이 좋아. 내가 겪었던 일, 그 친구의 말과 행동, 불편한 일이 생겼을 때 내가 느끼는 감정 등을 최대한 솔직하게 말하자.

 아래의 내용을 상황에 맞는 감정과 목소리로 말해보자.
더 하고 싶은 말이 있으면 덧붙여도 좋아!

선생님, 드릴 말씀이 있는데요.

용준이가 자꾸 뒤돌아서 기분 나쁜 말을 해요.

저랑 앞뒤로 앉지 않게 해주셨으면 좋겠어요.

학교 오기 싫을 정도로 스트레스 받고 힘들어요.

'불편'에 대해 생각해볼까?

불편한 일이 있다면 어떻게 해소할지 고민해봐야 해. 계속되면 힘들어지거든. 가족이나 친구 사이에서 내가 불편하다고 생각하는 일을 생각해보자.

불편(不便)
몸이나 마음이 편하지 아니하고 괴로움.

예 • 아빠 코 고는 소리에 자다가 깨는 것, 친구가 연필이나 볼펜 소리를 시끄럽게 내는 것 등

친척 어른들께 인사하기 어색할 때

이렇게 말해보자!

낯가림이나 수줍음이 심해서 친척이나 동네 어른을 만나도 부모님 뒤에 몸을 숨기고 인사를 안 하는 경우가 있어. 인사를 하기 싫은 게 아니라 어색한 거지. 하지만 인사는 관계의 시작이자, 예의를 갖추고 상대를 존중하는 행동이야. 친구들 사이에서도 인사를 안 하면 무시 당했다고 생각하고 사이가 멀어지기도 하잖아. 그러니 어른들에게 인사를 안 하면 예의 없는 아이처럼 보일 수 있겠지. 이제부터 "안녕하세요.", "고맙습니다.", "안녕히 계세요."라고 공손하게 인사하는 습관을 기르자. 안 해본 건 뭐든 어색할 수밖에 없지만, 집에서 가족들에게 자주 인사하다 보면 어른들에게 인사하는 것도 점점 편해질 거야.

 아래의 내용을 상황에 맞는 감정과 목소리로 말해보자.
더 하고 싶은 말이 있으면 덧붙여도 좋아!

외삼촌, 안녕하세요?

잘 지내셨어요?

'인사'에 대해 생각해볼까?

매일 밥을 챙겨 먹듯이 인사도 빼먹지 말고 하는 것이 중요해. 그러면 어느 순간 저절로 자연스럽게 되거든. 어른들에게 어떤 인사말을 건네면 좋을지 생각해보자.

인사(人事)
마주 대하거나 헤어질 때에 예의를 표함. 또는 그런 말이나 행동.

예 · 건강하세요.   · 잘 먹겠습니다.
· 용돈 주셔서 고맙습니다.

상대와 타협하거나 상대의 의견을 받아들여야 할 때는 '끄덕이'로 한발 물러서서 말하는 것이 좋아. 모든 것을 내 뜻대로만 할 수는 없거든. 내 생각이나 의견을 말하기 전에 상대의 상황과 반응을 먼저 살피도록 해. "~해도 될까?", "어떻게 할까?", "그렇게 할게", "그렇게 하지 뭐"와 같은 방법으로 말하는 연습을 하자.

PART
5

'끄덕이'로
양보하며 말하기

끄덕이의 장점은 친구들에게 잘 맞춰주고 양보하며 말하는 거야. 내 주장을 펼쳐야 할 때도 있지만 때로는 다른 사람의 말을 따라줘야 할 때도 있어. 그럼, 어떤 상황에서 끄덕이처럼 말해야 하는지 한번 연습해볼까?

친구가 절교 선언을 했을 때

이렇게 말해보자!

친구와 관계를 맺는 것만큼 잘 끊는 것도 매우 중요해. 친구가 절교 선언을 했다면 정말 인연을 끊고 싶다는 의미일 수도 있지만, 나에게 삐져서 속상한 마음을 그렇게 표현하는 것일지도 몰라. '너 때문에 속상해', '너하고 당분간 안 놀고 싶어'라는 의미일 수도 있다는 거지. 그러니 친구에게 절교하고 싶은 이유를 물어보자. 다만 툭하면 절교하자고 말하는 친구라면 진지하게 생각해봐. 관계를 소중히 여기지 않고 자기 마음대로만 하려는 사람은 결국 친구들에게 계속 상처를 주거든. 친구 사이에 '절교'라는 말은 쉽게 뱉으면 안 된다는 것을 기억하자.

 아래의 내용을 조심스러운 태도와 수긍하는 말투로 말해보자.
더 하고 싶은 말이 있으면 덧붙여도 좋아!

나한테 뭐 서운한 거 있어?

아니면, 앞으로 같이 놀지 않겠다는 거야?

왜 절교하고 싶은 건데…?

'절교'에 대해 생각해볼까?

간혹 친구와 절교하고 싶다는 생각이 들 수도 있어. 언제 그런 생각이 드는지, 정말 친구 관계를 평생 끊고 싶은 것인지 자신의 진실한 마음을 들여다보자.

절교(絕交)
서로의 교제를 끊음.

예 • 나보다 다른 친구하고 더 친하게 지낼 때 절교하고 싶은 마음이 잠시 들었다.
　　 • 평생 친구 관계를 끊고 싶지는 않은데, 질투가 나서 그런 마음이 들었다.

대화 중에 말실수를 했을 때

이렇게 말해보자!

무심코 뱉은 말이 상대에게 상처를 줄 때가 있어. 한번 꺼낸 말은 주워 담을 수 없으니 말하기 전에는 마음속으로 '하나, 둘'을 세면서 상대가 기분 나빠할 말은 아닌지 잠시 생각해보는 것이 좋아. '낮말은 새가 듣고 밤말은 쥐가 듣는다'라는 속담도 있잖아. 아무도 안 듣는 데서라도 말조심해야 한다는 뜻이지. 말을 안 해서 후회하는 일보다 말해서 후회하게 되는 일이 더 많거든. 만약 말실수를 했다면 상대의 기분을 살피면서 조심스럽게 "미안해"라고 곧바로 사과해야 해. 말실수하는 일이 자주 있어서는 안 돼. 한두 번은 상대가 이해하고 넘어가 주지만 실수가 반복되면 습관이 되거든. 말은 그 사람의 인격이라는 점을 잊지 말자.

 아래의 내용을 조심스러운 태도와 수긍하는 말투로 말해보자.
더 하고 싶은 말이 있으면 덧붙여도 좋아!

아, 미안해…
내가 말실수를 했네.

'실수'에 대해 생각해볼까?

한번 뱉은 말은 다시 주워 담을 수 없어. 그렇기 때문에 말로 하는 실수가 상대에게 큰 상처로 남는 경우가 많아. 말실수를 하지 않기 위해 노력해야 할 일들을 한번 생각해보자.

실수(失手)
1. 조심하지 않아 잘못함. 또는 그런 행위 2. 말이나 행동이 예의에 벗어남. 또는 그런 말이나 행동.

예 ・말하기 전에 한 번 더 생각하기, 천천히 말하기, 가끔 침묵하기 등

친구가 소외 당했다고 느껴서 삐질 때

야, 춤 순서 바꾸는 거 왜 나한테는 얘기 안 해줘?

아, 서운했구나… 미안. 서둘러서 바꾸다가 정신없어서 깜빡했네. 일부러 너한테만 말해주기 싫어서 그런 거 아니야.

114

이렇게 말해보자!

친구가 나와 어울리고 싶은데 소외 당했다고 느꼈을 때, 서운한 마음을 내비칠 수 있어. 친구는 내심 내가 먼저 말을 걸어주고 이야기 나눠주기를 기다렸던 거야. 서운한 마음은 상대를 좋아하고 기대하는 마음이 클 때 생겨. 그러니 "뭘 그런 거 가지고 삐져~"라고 가볍게 말하기보다는 친구가 서운해하는 마음을 그대로 인정해주자. "서운했구나… 미안."이라고 말하면 돼. 내가 뭘 잘못해서가 아니라, 소중한 관계를 위해서는 한발 물러서야 할 때도 있는 거거든. 이야기를 하지 못한 이유와 함께 일부러 그런 게 아니라고 말하면 친구의 마음이 금방 풀어질 거야.

🎤 아래의 내용을 조심스러운 태도와 수긍하는 말투로 말해보자.
더 하고 싶은 말이 있으면 덧붙여도 좋아!

아, 서운했구나… 미안.

서둘러서 바꾸다가 정신없어서 깜박했네.

일부러 너한테만 말해주기 싫어서 그런 거 아니야.

'삐지는 마음'에 대해 생각해볼까?

어떨 때 삐지고 토라지는지 내 마음을 들여다 보는 것이 좋아. 그러면 스스로 마음을 다독일 수 있고, 상대와 이야기를 해서 풀 수도 있

삐지다
성나거나 못마땅해서 마음이 토라지다.

거든. 나는 어떤 것 때문에 가족이나 친구들에게 삐지는지 생각해보자.

예 • 친구가 톡을 늦게 볼 때, 엄마가 나를 안 보고 얘기할 때 등

좋아하는 이성 친구가 다른 친구를 좋아할 때

내가 좋아하는 이성 친구가 나를 좋아한다면 정말 기쁘고 행복할 거야.
하지만 그런 일이 항상 일어나는 건 아니니, 상대가 다른 친구를 좋아한
다고 하면 조금 주눅 들거나 의기소침해 질 수 있어. 상대의 마음을 내가
어떻게 할 수는 없잖아. 그 순간에는 잠시 마음이 아프겠지만 상황을 덤
덤하게 받아들이고, 친구의 행복을 빌어주는 것이 멋진 행동이야. 질투
심에 그 친구가 좋아하는 아이를 괴롭히는 일은 절대 해서는 안 돼. 좋아
하는 사람에게 고백하는 건 용기 있는 모습이니, 앞으로도 누군가를 좋
아하는 감정을 숨기지 않았으면 좋겠어.

 아래의 내용을 조심스러운 태도와 수긍하는 말투로 말해보자.
더 하고 싶은 말이 있으면 덧붙여도 좋아!

아, 그랬구나. 어쩔 수 없지…
다른 사람을 좋아하는 건 네 마음이잖아.
지금은 내 마음이 좀 슬픈데, 괜찮아질 거야.

마음을 숨겨야 할 때도 있지만 오히려 드러내
면 좋은 점이 많아. 수줍고 떨리는 고백일지
라도 안 하면 나중에 후회할 수 있거든. 좋아
하는 친구에게 고백할 때 나의 기분이 어떤지
생각해보자.

고백
마음 속에 생각하고 있는
것이나 감추어 둔 것을 숨
김없이 말하는 것.

예 • 떨린다, 설렌다, 기분이 좋다, 조마조마하다, 부끄럽다, 민망하다 등

친구가 내 메시지에 답이 없을 때

이렇게 말해보자!

메시지를 보냈는데 친구에게 답이 없으면, '일부러 답을 안 하는 건가?', '나를 피하는 건가?'라는 생각이 들 수 있어. 일단은 시간을 두고 기다려봐. 바쁜 일이 생겼거나 학원에서 공부하고 있을지도 몰라. 만약 오랜 시간이 지나도 답이 없다면 "무슨 일 있어? 걱정도 되고, 나한테 섭섭한 게 있는 건가 해서."라고 조심스럽게 연락해봐. "내 톡 씹냐?"라고 공격적인 태도를 보이기보다는 잠시 기다릴 필요가 있어. 때로는 한발 물러나 기다리는 것도 현명한 자세거든. 계속 연락이 없다면 서운함이 커질 수 있으니, 그때는 전화를 걸어보자.

🎤 아래의 내용을 조심스러운 태도와 수긍하는 말투로 말해보자.
더 하고 싶은 말이 있으면 덧붙여도 좋아!

혹시… 무슨 일 있어?

답이 없어서 걱정도 되고,

나한테 오해가 있거나 섭섭한 게 있는 건가 해서.

'연락'에 대해 생각해볼까?

사람마다 연락을 주고받는 횟수가 달라. 그 기준은 사람마다 다르거든. 학교나 학원, 동네에서 보는 것 외에 친한 사이에는 얼마나 메시지를 주고받아야 하는지 나의 기준을 생각해보자.

연락(連絡)
어떤 사실을 상대편에게 알림.

 예 · 두 시간에 한 번, 하루에 세 번, 이틀에 한 번, 주말에는 다섯 번 등

6

부모님께 거짓말한 걸 들켰을 때

이렇게 말해보자!

거짓말하면 안된다는 걸 알면서도 혼나기 싫어서 그 순간을 모면하려고 본능적으로 거짓말하는 경우가 많아. 하지만 거짓말이 또 새로운 거짓말을 낳고, 한번 거짓말을 하면 그 후에도 습관적으로 하게 되기 때문에 애초에 거짓말을 하지 않아야 해. 들켰을 때는 변명의 여지가 없어. 곧바로 잘못을 뉘우치고 다시는 하지 않겠다고 다짐해야 해. 사실 부모님은 화가 난 것이 아니라 실망하고 속상해하시는 거니까, 앞으로는 내가 하는 말에 책임지는 모습을 보여드리며 신뢰를 회복하자.

 아래의 내용을 조심스러운 태도와 수긍하는 말투로 말해보자.
더 하고 싶은 말이 있으면 덧붙여도 좋아!

죄송해요. 잘못했어요.
앞으로 거짓말은 절대 안 할게요.

'거짓말'에 대해 생각해볼까?

거짓말을 하는 사람은 자기를 방어하기 위해 여러 가지 변명을 둘러대지만, 누군가가 나를 속였다고 생각하면 기분이 썩 좋지 않아. 누가 나에게 거짓말을 했을 때 기분이 상했던 경험을 떠올려보자.

거짓말
사실이 아니라는 것을 알고 있으면서 상대방에게 이것을 믿게 하려고 사실인 것처럼 꾸며서 하는 말.

예 ・내 물건을 몰래 숨긴 친구가 자기가 안 했다며 거짓말했을 때 실망했다.
　　・나를 빼고 약속을 잡은 친구들이 말하는 걸 까먹었다고 거짓말했을 때 화났다.

7

부모님이 이제 혼자 자라고 할 때

늘 부모님과 같이 자다가 혼자 자려고 하면 잠이 안 오거나 조금 무서울 수 있어. 조명도 켜 놓고, 잠들 때까지 부모님이 곁에서 지켜준다고 생각하면 안심이 될 거야. 처음부터 편하고 익숙할 수는 없으니 서서히 시도하는 것이 중요해. 혼자 자고 다음 날 아침에 일어나면 해냈다는 생각에 나 자신이 무척 자랑스러울 거야. 집에서부터 혼자 할 수 있는 일을 하나씩 하나씩 늘리면 독립심이 생겨나고, 밖에서도 더 씩씩하게 생활할 수 있어. 혼자서도 무슨 일이든 스스로 잘하는 멋진 사람으로 성장하는 과정을 즐겨봐.

 아래의 내용을 조심스러운 태도와 수긍하는 말투로 말해보자.
더 하고 싶은 말이 있으면 덧붙여도 좋아!

네, 알겠어요.
한번 노력해 볼게요.

나이를 먹을수록 혼자서 해야 할 일들이 많아져. 부모님이 평생 내 옆에 계시지 않고, 언제까지 나를 도와주실 수는 없거든. 독립심을 기르기 위해 내가 할 수 있는 일들을 생각해보자.

독립심(獨立心)
남에게 의지하지 않고 살아가려는 마음.

예 · 옷을 혼자 입는다.
　　· 손톱을 스스로 깎는다.
　　· 내가 사용한 그릇은 싱크대에 둔다.

어른에게 꾸중을 들었을 때

이렇게 말해보자!

아랫사람의 잘못을 꾸짖는 건 어른의 역할이야. 어린이들이 바르게 생활하고, 잘못을 고쳐 잘되기를 바라는 마음으로 하는 말이지. 하지만 꾸중을 듣는 사람 입장에서는 순간적으로 부정적인 감정이 튀어나올 수 있어. 그러니 이런 상황에서는 먼저 자신의 감정을 가라앉혀야 해. 위협적인 말과 행동으로 꾸짖는 사람을 공격해서는 안 돼. 내가 잘못한 점이 조금이라도 있다면 어른의 말을 받아들이고 반성하는 태도를 보여야 상황이 원만하게 해결될 수 있어.

🎙 아래의 내용을 조심스러운 태도와 수긍하는 말투로 말해보자.
더 하고 싶은 말이 있으면 덧붙여도 좋아!

네, 죄송합니다.

얘들아, 놀이터로 가자!

'꾸중'에 대해 생각해볼까?

만약 내 잘못을 아무도 꾸짖지 않는다면 더 나쁜 길로 가게 될지도 몰라. 꾸중을 듣고 내 잘못을 인정한 후 말과 행동을 바꿨던 경험을 생각해보자.

꾸중
아랫사람의 잘못을 꾸짖는 말.

 예 • 옷을 거꾸로 벗는다고 꾸중을 들은 후 똑바로 벗어 놓게 되었다.
• 숙제를 밀려서 꾸중을 들은 후 그때그때 하는 습관을 들였다.

부록1 성격 캐릭터별 말하기 지도 방법

1 아이들이 상대와 상황에 따라 적절한 성격 캐릭터를 선택해 캐릭터별 말하기 방법에 맞게 말할 수 있도록 지도해주세요.

2 에고그램 진단 결과, 가장 낮게 나온 캐릭터의 화법을 집중적으로 익힐 수 있도록 연습시켜주세요.

화끈이
규칙이나 윤리에 어긋난 행동을 제지해야 할 때 '화끈이'처럼 말한다.

표정	진지하게
음성	힘 있게, 단호한 말투
화법	안 돼 / 하지 마 / 그러지 마
예시	새치기하지 마, 무시하지 마, 아프니까 치지 마, 쓰레기 버리면 안 돼, 뛰면 안 돼 등

포용이
상대의 입장을 배려하고 공감해야 할 때 '포용이'처럼 말한다.

표정	따뜻하게
음성	부드럽게, 다정한 말투
화법	괜찮아? / 괜찮아~ / 도와줄까? / (감정)해서 그랬구나.
예시	괜찮아~ 안심해, 괜찮아?, 내가 도와줄까?, (속상)해서 그랬구나, (억울)해서 그랬구나, (긴장)해서 그랬구나 등

침착이

이성적이고 현실적으로 상황을 판단해야 할 때 '침착이'처럼 말한다.

표정 차분하게

음성 낮은 톤, 무덤덤한 어조

화법 현실적으로 / 구체적으로 / 정리하면 / 비교해보면 / (숫자) / (육하원칙)

예시 현실적으로 봤을 때 내 생각은~, 구체적으로 말하면, 의견을 정리해 보면, 세 가지 결론은, 이유를 말하자면, 어떻게 할지 상의해보자 등

솔직이

자신의 마음이나 감정을 표현해야 할 때 '솔직이'처럼 말한다.

표정 자신이 느끼는 감정을 담아서

음성 자신이 느끼는 감정에 맞게

화법 (감정 단어) / (감탄사) / 좋아 / 싫어 / 하고 싶어 / 하기 싫어

예시 듣기 불편해, 내가 보기엔 마음에 들어, 부담스러워, 곤란해, 대신 하기 싫어, 다른 거 하고 싶어, 아이고, 앗, 오~~, 와우! 등

끄덕이

상대와 타협하고 수긍해야 할 때 '끄덕이'처럼 말한다.

표정 상대를 살피며

음성 조심스럽게

화법 ~해도 될까? / 어떻게 할까? / 네 말대로 하자. / 그렇게 하지 뭐.

예시 그래? 알았어, 내가 하지 뭐, 그렇게 할게, 미안해, 사과할게, 다음부터 안 그럴게, 다음에는 조심할게 등

말하기 연습 30문장

1 부모님이 먼저 아이에게 자주 얘기해주세요.

2 부모에게 듣고 자란 말을 아이들이 형제자매나 또래에게 똑같이 해줍니다.

아이를 공감해주는 말

· ○○(이)가 ~을 어려워하는구나. 엄마(아빠)도 그런 경험이 있어.

· ○○(이)가 화가 나서 소리를 지르는 거구나. 화날 수 있어. 다만 네 감정을 잘 다스리는 게 중요해.

· ○○(이)가 ~로 괴로워하니까 엄마(아빠) 마음도 괴로워.

· ○○(이)가 실망했구나. 그런 감정은 누구나 들 수 있어.

· ○○(이)가 ~에 대해 걱정하는구나. 엄마(아빠)도 함께 고민하고 도와줄게.

· ○○(이)가 불안하구나. 엄마(아빠)도 불안할 때가 있어.

· ○○(이)가 답답해서 공책을 찢었구나. 얼마나 답답했을까. 엄마(아빠)는 네 소중한 물건이 망가지는 게 안타까워.

· ○○(이)는 ~를 두렵다고 느끼는구나. 엄마(아빠)도 두려움을 느낄 때가 있어. 이것도 성장하는 과정이야.

· ○○(이)는 ~할 때 행복하구나. 그런 순간을 만나는 건 소중하고 기분 좋은 일이야.

- ○○(이)가 ~에 대해 기쁘구나. 그런 순간을 함께 나누어서 엄마 (아빠)도 기뻐.

아이의 생각과 판단을 돕는 말

- ○○(이)는 왜 그렇게 생각해? 엄마(아빠)는 그 이유가 궁금해.
- ○○(이)가 어떤 결정을 내리기 전에, 장단점을 비교해보는 것 이 도움이 될 거야.
- ○○(이)는 언제부터 그런 생각을 했던 거야?
- ○○(이)는 무엇 때문에 그런 거야? 그걸 알면 스스로를 더 잘 이해할 수 있어.
- ○○(이)가 어떤 문제를 해결할 때, 다른 사람의 의견을 들어보 는 것도 중요해.
- ○○(이)는 ~에 대해 어떻게 생각하는지 엄마(아빠)한테 한 문 장으로 말해줄래?
- ○○(이)는 ~에 대해 몇 가지 방법이 있다고 생각해?
- ○○(이)가 생각한 세 가지에 대해 우선순위를 정해보자.
- ○○(이)는 ~에 대해 어떤 문제가 있을 거라고 생각해? 미리 예 상해보면 실제 상황에서 당황하지 않고 판단을 잘할 수 있어.
- (몇 시, 몇 분, 며칠, 몇 개 등 정확한 숫자나 인명, 지명, 상호 등 고유명사 언급해주기)

아이의 자기 효능감과 주체성을 키우는 말

· ○○(이)가 직접 해볼까? 혼자 할 수 있는 일은 스스로 해보자. 나머지는 엄마(아빠)가 도와줄게.

· ○○(이)가 스스로 할 수 있는 일이 많아질수록 네 자신감도 커질 거야.

· ○○(이)가 스스로 문제를 해결하려고 노력하는 모습을 보니까 엄마(아빠)는 네가 정말 자랑스러워.

· 해냈네! ○○(이)가 자기 힘으로 직접 이룬 성과니까 인생에 큰 자산이 될 거야.

· ○○(이)가 새로운 도전을 하기로 결정한 건 멋진 일이야. 그 도전을 즐겨봐.

· ○○(이)가 새로운 것을 배우고 시도하는 건 성장하고 발전하는 모습이야.

· ○○(이)가 스스로 설정한 목표를 향해 나아가는 걸 보면 엄마(아빠)는 네가 정말 대단하다고 생각해.

· ○○(이)가 해낸 일에 대해 칭찬 받을 자격이 있어. 스스로 칭찬하고 자랑스러워해도 돼.

· ○○(이)가 스스로 선택한다는 건 자신을 믿는다는 걸 의미해. 자신을 믿고 도전해봐. 실패해도 괜찮아. 하나의 과정일 뿐이야.

· ○○(이)가 스스로의 힘으로 도전을 극복하고 성장하는 모습은 정말 멋져. 그 소중한 경험을 기억해.

감정 단어 표

아이가 느끼는 감정을 더 정확하게 표현할 수 있도록, 아래 표에서 적절한 단어를 골라 자신의 감정을 알아차리고 표현하는 연습을 하게 해주세요.

예시 반 대항 체육대회에서 최선을 다한 친구들이 <u>자랑스러웠어.</u>

긍정적인 감정 (욕구가 충족되었을 때)		부정적인 감정 (욕구가 충족되지 않았을 때)	
평화롭다	재미있다	성나다	안절부절못하다
편안하다	생기가 돌다	격노하다	풀이 죽다
평온하다	기운 나다	화가 나다	귀찮다
마음이 넓어지다	원기 왕성하다	냉랭하다	기운이 빠지다
너그러워지다	매료되다	분개하다	맥이 빠지다
긴장이 풀리다	흥미가 있다	억울하다	뒤숭숭하다
진정되다	궁금하다	언짢다	당혹스럽다
안도감이 들다	전율이 오다	초조하다	얼떨떨하다
호기심이 들다	유쾌하다	조급하다	혼란스럽다
고요하다	통쾌하다	서운하다	불안하다
느긋하다	놀라다	섭섭하다	마음이 두 갈래다
흐뭇하다	감격스럽다	슬프다	거북스럽다
흡족하다	벅차다	실망하다	마비가 된 듯하다
고맙다	용기 나다	낙담하다	경직되다
감사하다	개운하다	무기력하다	암담하다
반갑다	뿌듯하다	지겹다	막막하다
든든하다	후련하다	외롭다	수줍다
다정하다	만족스럽다	부럽다	아쉽다
부드럽다	자랑스럽다	아프다	지루하다
행복하다	짜릿하다	비참하다	걱정스럽다
수줍다	신나다	허전하다	근심스럽다
기쁘다	산뜻하다	공허하다	긴장되다
황홀하다	즐겁다	두렵다	압도되다
무아지경에 빠지다	흥분되다	겁나다	놀라다
기대에 부풀다	희망에 차다	피곤하다	좌절스럽다
		지치다	짜증나다

출처: B,Rosenberg, Mashall B(2003).
A Language of Life : Nonviolent Communication

똑 부러지게
내 감정을
전하는
말하기 연습

초판 1쇄 인쇄 2025년 2월 21일
초판 1쇄 발행 2025년 3월 4일

지은이 임정민
그린이 히쩌미

대표 장선희 **총괄** 이영철
책임편집 강고리 **기획위원** 김혜선 **기획편집** 이여진, 최지수
디자인 양혜민, 최아영 **외주디자인** 김효숙
마케팅 김성현, 유효주, 이은진, 박예은
경영관리 전선애

펴낸곳 서사원주니어 **출판등록** 제2023-000199호
주소 서울시 마포구 성암로 330 DMC첨단산업센터 713호
전화 02-898-8778 **팩스** 02-6008-1673
이메일 cr@seosawon.com
네이버 포스트 post.naver.com/seosawon
페이스북 www.facebook.com/seosawon
인스타그램 www.instagram.com/seosawon

ⓒ 임정민, 2025

ISBN 979-11-6822-388-2 73190

서사원은 독자 여러분의 책에 관한 아이디어와 원고 투고를 설레는 마음으로 기다리고 있습니다.
책으로 엮기를 원하는 아이디어가 있는 분은 이메일 cr@seosawon.com으로 간단한 개요와 취지,
연락처 등을 보내주세요. 고민을 멈추고 실행해보세요. 꿈이 이루어집니다.